# 河洛镇志

郑州市名镇志文化工程

郑州市地方史志编纂委员会　主办
郑州市地方史志办公室　编著

中国水利水电出版社
www.waterpub.com.cn
·北京·

图书在版编目（C I P）数据

河洛镇志 / 郑州市地方史志办公室编著. -- 北京 : 中国水利水电出版社, 2019.12
郑州市名镇志文化工程
ISBN 978-7-5170-8216-3

Ⅰ. ①河… Ⅱ. ①郑… Ⅲ. ①乡镇－地方志－巩义 Ⅳ. ①K296.15

中国版本图书馆CIP数据核字(2019)第253816号

审图号：豫S〔2019年〕048号

总 策 划：营幼峰
选题策划：马爱梅　宋建娜　张小思
责任编辑：杨春霞

| | |
|---|---|
| | 郑州市名镇志文化工程 |
| 书　名 | 河洛镇志 |
| | HELUO ZHEN ZHI |
| 作　者 | 郑州市地方史志办公室　编著 |
| 出版发行 | 中国水利水电出版社 |
| | (北京市海淀区玉渊潭南路1号D座　100038) |
| | 网址: www.waterpub.com.cn |
| | E-mail: sales@waterpub.com.cn |
| | 电话: (010) 68367658 (营销中心) |
| 经　售 | 北京科水图书销售中心 (零售) |
| | 电话: (010) 88383994、63202643、68545874 |
| | 全国各地新华书店和相关出版物销售网点 |
| 排　版 | 北京金五环出版服务有限公司 |
| 印　刷 | 北京印匠彩色印刷有限公司 |
| 规　格 | 184mm×260mm　16开本　15印张　264千字 |
| 版　次 | 2019年12月第1版　2019年12月第1次印刷 |
| 印　数 | 0001—2200册 |
| 定　价 | 98.00元 |

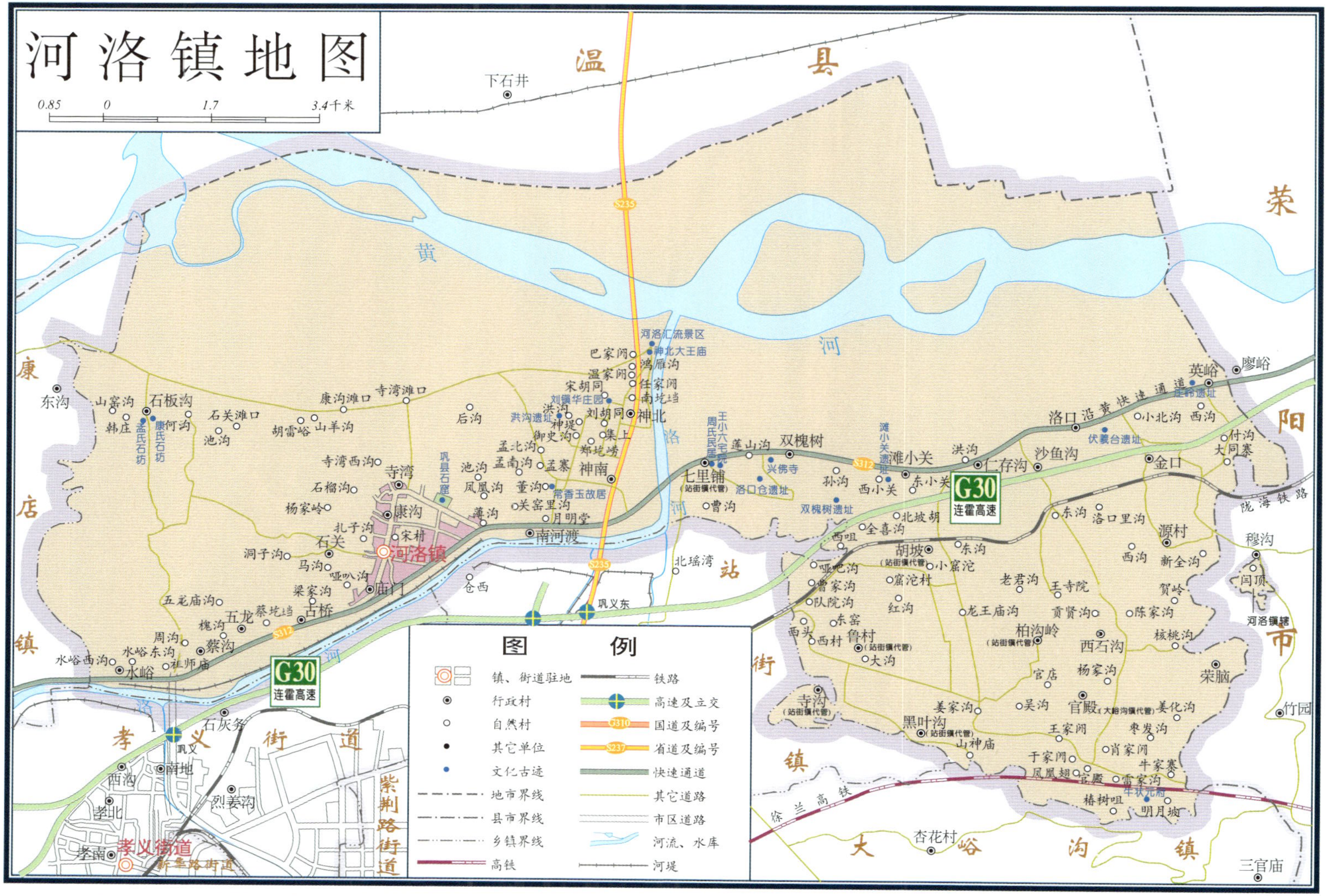


（注：图内行政界线不作为实际划界依据）

河洛汇流　曹振普　摄

洛河　曹振普　摄

邙岭　曹振普　摄

中国石化 SINOPEC

新农村建设神堤社区　曹振普　摄

省道 S312　王向阳　摄

# 郑州市名镇志、名村志、名街志编纂委员会

# 《河洛镇志》编纂委员会

# 序

2018年以来，我们在中国地方志指导小组办公室、河南省地方史志办公室的热情指导和大力支持下，在郑州市各县（市、区）地方史志工作机构及相关镇、村、街道的共同努力下，开拓创新，克难攻坚，相继完成了11部镇志、1部村志、18部街道志，共计30部基层志书的编纂出版工作。这是我市坚持以习近平新时代中国特色社会主义思想为指引，认真贯彻落实《全国地方志事业发展规划纲要（2015—2020年）》（国办发〔2015〕64号），围绕中心、服务大局，推动地方志事业高质量发展、发挥存史、资政、育人职能作用的一项重要成果。

这30部志书以镇志、村志、街道志为主线，全面、客观地记述了郑州从一座古老的城市发展成为国家中心城市的历史进程，阐释了中华文明、中原文化在郑州这座城市的文明形态起源、嬗变和现代转型。聚焦黄河文化、商都文化、黄帝文化、河洛文化、嵩山文化和二七精神等重要的城市文化名片，我们组织编纂了管城区《东大街街道志》《西大街街道志》《城东路街道志》，二七区《德化街道志》，金水区《杜岭街道志》，巩义市《回郭镇志》《大峪沟镇志》《康店镇志》《河洛镇志》《站街镇志》，新郑市《孟庄镇志》《新建路街道志》，惠济区《古荥镇志》，上街区《峡窝镇志》《方顶村志》，中牟县《雁鸣湖镇志》，新密市《刘寨镇志》，登封市《告成镇志》等一批志书。我们尝试从地方志的角度描述、分析这些文化的历史演进，宏大叙事与微观剖析并重，讲述方志故事，凝聚城市精神，发现并彰显这些深藏在街道社区、乡镇村庄里的城市文化根脉。

我们借鉴人文地理学和社会学的调查研究方法，在中原区委、区政府的支持下，组织编纂了该区《西流湖街道志》《中原西路街道志》《桐柏路街道志》《三官庙街道志》《棉纺路街道志》《绿东村街道志》《林山寨街道志》《汝河路街道志》《航海西路街道志》《须水街道志》《秦岭路街道志》《建设路街道志》12部街道志，对一个行政建置区域的政治、经济、文化、社会、生态建设状况，特别是对自中华人民共和国成立以来各个历史时期的发展做了全方位的较完整记述。这些街道志组成了美丽的“方志拼图”，从中我们可以清晰地看到中原区从一个传统的城郊农业区，在新中国成立初期形成郑州市的市级行政中心、文化中心和现代工业区，改革开放以来经过国企改革的华丽“蝶变”，转型升级为现代化宜居宜业新城区的时空轨迹。

我们在丛书编纂中基本采用了中国地方志指导小组办公室确定的中国名镇志、名村志、名街志编写体例，以质量为生命线，强化精品意识，与各编纂单位和出版单位一起，对每部志书严把政治关、史实关、体例关、文字关、出版关，认真贯彻落实《郑州市地方志工作规定》要求，理顺管理体制和运行机制，分级负责与属地管理相结合，明确了市、县（市、区）、镇（街道）、村等各级在志书编纂中的具体权责，一级抓一级，层层抓落实，形成了踏石留印、抓铁有痕的良好工作格局。

在编纂方式上，我们积极适应“读图时代”的现代读者需求，在锤炼文字表达的同时，特别突出了“图像存史”的作用。我们与河南省美术家协会合作，组织一批在省内乃至全国有影响力的优秀画家，深入基层开展采风创作，用画笔描绘郑州美丽乡村和城市现代街区风貌。我们要求编纂单位注意对优秀美术作品的资料收集，如巩义籍著名画家陈天然、徐小龙等长年扎根农村基层，创作出一批表现浓郁乡土风情的优秀美术作品，经其家人慨允，许多作品收入相关志书，成为熠熠生辉的亮点。中共郑州市委宣传部外宣办，河南日报新闻图片有限公司，郑州日报社及市、县（市、区）摄影家协会等单位和许多优秀、敬业的摄影家，为我们提供、创作了一大批精彩的摄影作品，与志书篇章结构和语言文字同步配合，形成了一个全新的图像叙事体系。这已不是简单的配图、插图、图文并茂，而是把图像证史、存史放在了编纂方式创新的维度上来考量其价值与意义。

为提高志书编纂的学术品质，我们与郑州大学建筑学院合作，开展传统村落与民居保护和城市街区建筑文化专项调查，形成了一批研究成果，并在编纂中予以重点展示。郑州市是中华文明探源工程、夏商周断代工程等考古研究的重点区域，拥有世界文化遗产——登封“天地之中”历史建筑群和诸多国家重点文物保护单位，各类历史文化遗迹俯拾即是。

在文物部门的大力支持下，我们在相关志书编纂中，注意收录考古最新发现及研究成果，以丰富志书编纂的文化内涵。

这里需要特别感谢的是，河南日报农村版、中国水利水电出版社等单位积极、热情地参与到编纂工作中，帮助我们探索了史志工作与专业机构通力合作、优势互补、众手成志的史志编纂新模式。在这部丛书出版之际，谨向支持、参与这项工作的所有部门、单位，领导、专家和基层史志工作者表示真诚的谢意！

以上是我们在郑州市名镇志、名村志、名街志文化工程中的一些尝试，不足之处敬请批评指正，以便在今后工作中认真加以改进。

郑州市地方史志办公室

2019 年 12 月

# 凡　例

一、指导思想　以马克思列宁主义、毛泽东思想、邓小平理论、“三个代表”重要思想、科学发展观、习近平新时代中国特色社会主义思想为指导，坚持辩证唯物主义和历史唯物主义的立场、观点和方法，存真求实，全面、客观、系统记述中国名镇城镇化进程和改革开放成果，传承和抢救乡土历史文化，激发爱国爱乡情怀，留住乡愁，为探索中国特色新型城镇化建设、服务乡村振兴战略提供历史智慧和现实借鉴。

二、质量要求　参照中国地方志指导小组印发的《地方志书质量规定》执行。在坚持志体的前提下，体裁运用、篇目设置、资料选择等作适当创新。内容以记载镇域范围内的微观资料为主，详市县志之所略。根据不同类型名镇的特点，记述域内自然、政治、经济、文化、社会的历史与现状，重在突出当地“名”与“特”的内涵，从而达到执简驭繁、文约事丰、易于阅读、利于普及的目的。

三、时间断限　为全面反映入志事物发展脉络，各志上限追溯至事物发端，下限一般断至各镇志启动编修年份，个别重大事项可延至搁笔。详今明古，着重反映时代特色和地方特点，重点体现各镇的“名”与“特”。

四、记述范围　记述地域范围以下限年份的行政辖区为主。为体现名镇在更大区域内的意义，可以从更开阔的区域视野记述与该镇相关的内容。

五、总体结构　统一采用纲目体，设类目、分目、条目三个层次。横排门类，纵述史实。所设类目除《中国名镇志丛书基本篇目》要求的必设内容外，个别事项根据本镇实际情况适当作升格或降格处理。

六、体裁形式　综合运用述、记、志、传、图、表、录等各种体裁，以志体为主。体裁运用适当创新，篇目设置不求面面俱到，一般意义上的乡镇级内容可简略记述。

七、语言文体　除引用文字和附录文献资料外，统一使用规范的现代语体文记述，行文力求朴实、严谨、简洁、流畅，具有较强可读性。

八、人物载录　人物类目设人物传略、名人与 ×× 镇、人物表录等分目。人物传略遵循“生不立传”原则，选录对本镇发展有重大影响者，按生年排序。名人与 ×× 镇记述在政治、经济、文化、社会等方面有重大影响的著名人物（政治家、艺术家等）在本镇的活动历史片段。同时，在其他类目中采用以事系人的方式介绍人物。

九、图照表格　志中随文配图，图下设文字说明，图文并茂。表格统一编排序号。

十、数据　各项数据一般采用国家统计部门数据。数据缺乏的，采用主管部门或主办单位正式提供的数据。

十一、计量单位　采用国务院 1984 年 2 月发布的中华人民共和国法定计量单位。历史上使用的计量单位，如斗、石、里、尺、磅、华氏度等，在引文时照录，并以类目为单位首次出现时应加注。

十二、纪年　中华民国成立前的纪年，使用朝代年号纪年，括注公元年份；中华民国成立后的纪年，均使用公元纪年。志中所称“解放前（后）”，以该镇解放日为界；“新中国成立前（后）”，以中华人民共和国成立日 1949 年 10 月 1 日为界；“改革开放前（后）”，以 1978 年 12 月中共十一届三中全会召开为界。“×× 年代”，凡未加世纪者，均指 20 世纪。

十三、称谓　记事概以第三人称记述。人名直书其姓名，必要时冠以职务职称。地名以现行标准地名为准。如使用历史地名，于首次出现时括注现行地名。各个历史时期的党派、团体、组织、机构、职务等均以当时名称为准。对于称谓过长而又频繁使用者，于首次出现时使用全称并同时括注简称，之后使用简称。

十四、数字、标点　遵循国家标准和出版规定，志中数字书写以 GB/T 15835—2011《出版物上数字用法》为准，使用标点符号以 GB/T 15834—2011《标点符号用法》为准。

十五、本凡例对于各镇志编纂中的未尽事宜，在“编纂始末”中予以说明。

# 目　录

# 概述

河洛镇位于巩义市北部偏东，总面积112平方千米。南环洛河，北濒黄河。东接荥阳市，北邻温县，西与巩义市康店镇接壤，南与巩义市孝义街道、站街镇、大峪沟镇毗连。辖22个行政村，人口3.75万人。相继获得“河南省园林镇”“河南省绿化模范镇”“省级卫生镇”“郑州市黄河湿地保护工作先进单位”“巩义市级文明镇”“河南省戏曲名镇”等荣誉称号，是河洛文化的重要发祥地之一。

## 历史悠久

旧石器时代古遗址洪沟遗址距今约 11 万年历史，新石器时代古遗址双槐树遗址距今约 5300 年历史，巩县石窟开凿于北魏时期，后经西魏、北齐、唐、宋各代相继凿窟造像，为中国九大石窟之一。战国时，张仪说秦王“下兵三川，塞什谷之口”及隋唐时期的洛口仓之战就发生在这里，是兵家必争之地。1944 年，皮定均、徐子荣领导的豫西抗日先遣支队在官殿、金沟一带领导人民展开了艰苦卓绝的抗日对敌斗争。1948 年，沙鱼沟、南河渡解放，1958 年，巩县成立政社合一的城关人民公社，包括站街、沙鱼沟、南河渡；1962 年成立南河渡人民公社，1963 年成立沙鱼沟人民公社；1996 年，经河南省人民政府批准，撤销沙鱼沟乡设立河洛镇，撤销南河渡乡设立南河渡镇；2005 年，撤销原河洛镇、原南河渡镇，设立新的河洛镇。

## 文化厚重

黄河、洛河在此交汇，古称“洛汭”。据《竹书纪年》《水经注》记载，伏羲在洛河东岸的高台地上（伏羲台），观象于天，观法于地，观鸟兽之文与地之宜，近取诸身，远取诸物，推演八卦，诞育了《易经》的哲学理念，开启了华夏文明之光。从人文始祖轩辕黄帝开始，尧、舜、禹、汤至周成王均在此修坛沉璧，体现了中国古代政治制度君权神授、大一统的思想脉络。镇域内现有全国重点文物保护单位 2 处：巩县石窟、刘镇华庄园；河南省文物保护单位 5 处：洪沟遗址、兴佛寺、伏羲台遗址、滩小关遗址、常香玉故居；郑州市文物保护单位 8 处：庄岭遗址、洛口仓遗址（含汉将军城）、牛状元府、神北大王庙、周氏民居、王小六民居、康氏石坊、孟氏石坊；巩义市文物保护单位 2 处：三元寨碑、抗日名将吉鸿昌“天堑飞渡”纪念碑旧址。这里人杰地灵，走出了人民艺术家常香玉、书法版画大家陈天然等一大批知名人物。为了传承弘扬河洛文化，2017 年以来，由镇政府主导，先后编辑出版了《河洛之光》画册和《天下奇观 · 河洛汇流》书籍，注册成立了河洛历史文化研究中心，承办了“2019 中国·巩义铜驼杯客家舞龙舞狮国际邀请赛”，并正在积极筹划河洛文化国际论坛。

## 风光独特

洛河流入黄河处，洛河水清，黄河水浊，两河交汇，清浊分明，流数里外，黄水中一缕清水，犹隐约可见。河滩南望，丘陵三围，东南和荥阳丘陵连属，西名神尾山，亦名神都山，“神尾者，神都山（邙山）之尾也”。神都山位于河洛之间，似天筑神堤，头在秦国辖地渑池，尾在魏国辖地。古号秦头魏尾，正是此地，故附近村落曾名神堤村。据乾隆十年《巩县志》记载，今巩县（巩义）有八景，其中河洛地区就有四景，即什谷异流、洛口春游、邙岭秋风、石窟晚钟。北隔黄河望温县平原，云树低迷，天地寥廓。登上神都山俯视黄河，浊浪汹涌，波涛澎湃；黎明看日出，霞光万道。极目西望，天水相接；东望河水如带，一泻千里，平田野畴，漠漠无际。独特的自然风光，为当地群众提供了一个绝佳的休闲观光去处。

黄河滩涂　曹振普　摄

邙岭浅山丘陵区 曹振普 摄

## 区位优越

河洛镇地处郑州、洛阳、焦作之间，地理位置优越，交通条件便利，陇海铁路、连霍高速、省道 S312、省道 S235，规划中的焦桐高速，连接中原西路与 S312 的大唐通道等穿境而过。南河渡黄河大桥飞架南北，河洛镇距巩义市区仅 10 分钟车程。镇西片区 11 个村已纳入巩义市城市规划区。按照巩义市城乡总体规划，巩义东区南北主干道紫荆路将北延至河洛镇，届时，将极大地拉近同巩义市区的空间距离。

## 经济发达

近年来，镇党委政府坚持以习近平新时代中国特色社会主义思想为指导，统筹推进“五位一体”总体布局，协调推进“四个全面”战略布局，贯彻新发展理念和以人民为中心的发展思想，坚持以党的建设高质量推动经济发展高质量。河洛镇工业起步于 20 世纪 60 年代，发展于 20 世纪七八十年代，90 年代初具规模，目前形成了以高档耐火材料、机械制

陇海铁路穿境而过 曹振普 摄

造、科教仪器、食品加工等行业为主的产业布局，各类企业达50多家，涌现出了今麦郎、华宇耐材、神南特耐、天禹耐材、宏建模板、伟志模板、予华仪器等一批规模企业，耐材产品销往全国钢铁企业，并出口多个国家。辖区拥有6万多亩黄河滩地和6万多亩岭沟地资源，黄河滩地以标准化农田和林业为主，无公害蔬菜销往香港，优质高产花生具有一定优势，邙岭建成“河南省无公害水果基地”，注册的“南河渡”牌石榴获昆明世界园艺博览会银奖。2018年全镇公共财政预算收入完成13227万元，税收收入12779万元，规模工业总产值完成115065万元，固定资产投资完成69665万元，招商引资完成99500万元，进出口总值1071万美元。

## 乡风文明

采取光伏扶贫、旅游扶贫等措施，凝聚精准脱贫正能量，截至目前，全镇建档立卡贫困户341户825人，2019年已全部如期实现脱贫。人均年收入均超过5100元，提升教育基础设施，推进“厕所革命”，加强公共卫生服务，开展“雨露计划”技能培训，增强了广大群众的获得感和幸福感。石窟文化旅游区偃月古城于 2017 年 10 月 1 日开始营业，受到社会各界一致好评，成为当地转型发展、旅游突破的典范。以偃月古城景区为依托，打造常态化的大型演艺活动，先后推出千年绝技“打铁花”表演、千年帝后礼佛大型实景演出、舞林大会、百姓戏曲大舞台、抛绣球演艺、大型水幕电影等精彩纷呈的特色民俗活动及演出，并以总冠名的方式每月举办两场大型戏迷擂台赛“梨园梦”。深入推进新时代文明实践活动，集中精力打造了镇文化站，村村设立文化墙，开展形式多样的志愿者活动、快乐星期天、河洛大舞台等活动，形成了人人崇尚、关注、践行文明的良好社会风尚。

## 生态宜居

近年来，河洛镇认真践行“绿水青山就是金山银山”的发展理念，坚持生态优先、绿色发展，按照郑州市委“西美、北静”的战略部署，全力打造“宜居、宜业、宜游”的美丽新河洛，助推生态保护和高质量发展。生态建设方面，覆盖洛河河洛段的“绿水工程”全长 10.6 千米，占地面积 3460 亩，计划总投资 4.5 亿元，已完成投资 8000 万元；

覆盖南河渡森林公园和河东滩区局部的“青山工程”占地面积1.5万亩，已完成投资4.5亿元，成功打造出大力山造林项目区、水峪村造林项目区、石关杜仲特色经济林项目区、河东滩区平原林网化及廊道林荫化项目区等造林示范点。纳入2020—2022年三年行动计划的重大生态项目包括：总投资11亿元的南河渡省级森林公园项目、总投资2.5亿元的双槐树遗址生态文化公园项目、总投资14亿元的巩义市黄河湿地公园项目。项目建成后，将形成覆盖河洛镇全域的立体生态格局。同时，积极开展蓝天、碧水、清洁、增绿“四项专项治理”，重拳出击，取缔非法采砂场10处，拆解非法采砂船10余条，有力震慑了非法采砂行为；治理伊洛河沿线污水直排口10余处，投资500余万元的日处理3000吨污水处理一体化多效澄清系统投入使用，经检测，所有指标均达到一级A排放标准。城镇建设方面，投资150万元，精心打造了蔡沟村至石板沟村文明示范路；投资200万元，修建四好公路2千米；投资2490万元建设石关、西石沟、英峪、源村四个美丽乡村。水、电、路网基本实现全域覆盖，巩义燃气公司燃气主管网已覆盖各行政村，全域地热供暖正在积极洽谈。总投资7820万元的伊洛鑫苑一期和总投资5.05亿元的河东社区两个大型安置社区已完成分房，总投资1亿元的伊洛鑫苑二期保障房项目即将开工建设。总投资8.5亿元、建筑面积10万平方米的石窟文化旅游区旅居休闲养生区项目

黄河湿地公园 崔瑞峰 摄

已完成投资 1.9 亿元，计划 2021 年全部建成。覆盖全域的农村污水治理工程和农村水冲式户厕改造工程正在紧锣密鼓实施。

进入新时代，河洛镇坚持把深入学习贯彻习近平新时代中国特色社会主义思想作为首要政治任务，以党的建设高质量推动经济社会发展高质量。推进“两学一做”学习教育常态化、制度化，开展支部主题党日、“万名党员进党校、锤炼党性铸忠诚”“党员星级评定”等活动。目前，河洛镇党委所属 43 个党（总）支部，党员 1581 人，其中村党支部 22 个 1331 名党员，机关党支部 2 个 76 名党员，非公企业党（总）支部 16 个 136 名党员，镇直属党支部 3 个 38 名党员，组织和党的工作覆盖率达到 100%。

一幅生态保护和高质量发展的壮丽画卷正在河洛大地徐徐展开，河洛镇正以习近平总书记视察调研河南重要讲话精神为引领，努力打造黄河战略核心示范区先行区，全力建设美丽人居、美丽生态、美丽经济，为“三宜”美丽新巩义贡献河洛力量。

黄河湿地公园　崔瑞峰　摄

# 基本镇情

# 建置区划

## 镇名由来

河洛镇位于黄河和洛河交汇处，故名河洛镇。

## 建置沿革

原南河渡镇建置沿革（1948—2005 年）

1948 年 4 月，南河渡解放，全县设 8 个区，南河渡地区归焦湾区。区下设乡，该地区设 5 个乡，即南河渡乡、神堤乡、寺湾乡、石关乡、水峪乡。

1956 年春，全县实行新制，合并为 17 个中心乡，今南河渡地区当时建立水峪中心乡；石关乡和寺湾乡合并为石关乡，归水峪中心乡管辖；神北乡、神南乡、南河渡乡合并为神堤乡，归七里铺中心乡管辖（属原沙鱼沟乡）。

1957 年 1 月，撤销中心乡，合大乡，由原水峪中心乡、石关乡、神堤乡合并为南河渡乡。

1958 年 8 月，南河渡乡转为红星人民公社，同年 11 月，红星人民公社合归城关人民公社。

1961 年，全县划分小公社，建立区制，城关人民公社改为城关区，南河渡地区之所属划为石关公社、神堤公社。

乾隆《巩县志》舆地图

1963 年 3 月，全县农村基层进行体制调整，撤区建大公社，石关公社、神堤公社合并为南河渡公社。

1968 年 2 月，南河渡人民公社变革为南河渡人民公社革命委员会，大队变为大队革命委员会。

1981 年 5 月，南河渡人民公社革命委员会变革为南河渡人民公社管理委员会，大队革命委员会变革为大队管理委员会。

1983 年 11 月，南河渡人民公社管理委员会变革为南河渡乡人民政府，大队变为村。

1996 年 8 月，撤销南河渡乡设立南河渡镇。

原河洛镇建置沿革（1948—2005 年）

1948 年 4 月，沙鱼沟解放，全县设 8 个区，沙鱼沟地区归城关区。区下设乡，该地区设 7 个乡，即七里铺乡、双滩仁乡、洛沙乡、金源乡、胡坡乡、鲁村乡、官柏荣乡。

1955 年秋，撤区并乡，小乡并大乡，将七里铺乡、双滩仁乡并为七里铺乡，洛沙乡、金源乡并为金沟乡，胡坡乡、鲁村乡并为鲁村乡，官柏荣乡保持原建置。

1956 年春，全县实行新制，合并为 17 个中心乡，城关区为 4 个中心乡。将沙鱼沟地区的七里铺乡、金沟乡合为七里铺乡，官柏荣乡、鲁村乡合为鲁村乡。

1958 年上半年，沙鱼沟地区的七里铺乡、鲁村乡合并为胡坡中心乡，同年 8 月，胡坡中心乡转为红光人民公社，11 月，红光人民公社合归城关人民公社。

1961 年，全县划分小公社，建立区制，城关人民公社改为城关区，沙鱼沟地区之所属划为洛沙公社、鲁村公社。洛沙公社归城关区管辖，鲁村公社归大峪沟区管辖。

1963 年 3 月，全县农村基层进行体制调整，撤区建大公社，洛沙公社、鲁村公社合并为沙鱼沟公社。

1968 年 2 月，沙鱼沟人民公社变革为沙鱼沟人民公社革命委员会，大队变为大队革命委员会。

1981 年 5 月，沙鱼沟人民公社革命委员会变革为沙鱼沟人民公社管理委员会，大队革命委员会变为大队管理委员会。

1983 年 11 月，沙鱼沟人民公社管理委员会变革为沙鱼沟乡人民政府，大队变为村。

1996 年，撤销原沙鱼沟乡设立河洛镇，撤销原南河渡乡设立南河渡镇。

2005 年，撤销原河洛镇、原南河渡镇，合并成立新的河洛镇，辖原河洛镇、南河渡镇的行政区域。

2005年，撤销河洛镇、南河渡镇，新设置河洛镇，辖原河洛镇、南河渡镇的行政区域，镇政府驻石关村。原南河渡镇辖12个行政村，127个村民小组，面积千米；原河洛镇辖17个行政村，129个村民小组，面积71.84平方千米。

## 所辖村庄

河洛镇现辖29个行政村：石板沟村、水峪村、蔡沟村、五龙村、古桥村、庙门村、石关村、康沟村、寺湾村、南河渡村、神南村、神北村、双槐树村、滩小关村、仁存沟村、沙鱼沟村、洛口村、金口村、英峪村、荣脑村、西石沟村、源村村、寺沟村、黑叶沟村、鲁村村、胡坡村、柏沟岭村、七里铺村、官殿村。2008年，寺沟村、黑叶沟村、鲁村村、胡坡村由豫联园区管委会代管；2013年，柏沟岭村、七里铺村由站街镇代管；2019年，官殿村由大峪沟镇代管。

**石板沟村**　位于河洛镇西北部，南靠邙岭，北临黄河，西接康店镇，面积4.7平方千米，辖9个村民小组。因村内有石牌坊，故原名石牌沟村，后演变为石板沟村。村内有一条通往邙岭以南的柏木山隧洞。另有郑州市文物保护单位康氏石坊、孟氏石坊，清代古建筑石板沟火神庙、观音堂。主要姓氏有王、白、何等。

**水峪村**　位于河洛镇西部，北靠邙岭，南临洛河，西接康店镇，面积2.5平方千米，

水峪村

辖 11 个村民小组。因沟里有泉水注入洛河而得名。岭地盛产南河渡石榴。主要姓氏有孙、李、白、焦等。

**蔡沟村** 位于河洛镇西部偏南，北靠邙岭，南临洛河，西接水峪村，东接五龙村，面积 2.5 平方千米，辖 7 个村民小组。岭地盛产南河渡石榴。主要姓氏有曹、蔡等。

**五龙村** 位于河洛镇西部偏南，北靠邙岭，南临洛河，西接蔡沟村，东接古桥村，面积 3 平方千米，辖 7 个村民小组。岭地盛产南河渡石榴。主要姓氏有尚、白等。鸿森·伊洛鑫苑位于河洛镇五龙村与古桥村交界处，省道 S312 北侧，占地 30 余亩，共 4 栋住宅楼、264 套住房，总建筑面积 3.9 万平方米。

**古桥村** 位于河洛镇西部偏南，北靠邙岭，南临洛河，西接五龙村，东接庙门村，面积 1.8 平方千米，辖 7 个村民小组。因历史上汛期水涨断路，明朝时在沟口修建 3 座石桥而得名。村内有民国民居古桥白氏宅院、白桐本故居。主要姓氏有白、李、王、贺等。

**庙门村** 位于河洛镇西部偏南，北靠邙岭，南临洛河，西接古桥村，北接石关村，面积 6.2 平方千米，辖 13 个村民小组。因村内有三圣庙，居民散居庙周围而得名。主要姓氏有白、郑、马、贺、李等。

**石关村** 位于河洛镇西部，西靠邙岭，南临洛河，北接康沟村，南接庙门村，面积 2.26 平方千米，辖 14 个村民小组。村内有清代古建筑石关白万珠宅院，民国建筑石关白本朋宅院、白治安宅院。主要姓氏有白等。

五龙村

庙门村

石关村

**康沟村** 位于河洛镇西部，西靠邙岭，南临洛河，北接寺湾村，南接石关村，面积 5.4 平方千米，辖 8 个村民小组。村内有清代古建筑康沟康家祠堂。主要姓氏有康、宋、贺等。

**寺湾村** 位于河洛镇西部偏北，北靠邙岭，南临洛河，东接南河渡村，南接康沟村，面积 4.1 平方千米，辖 14 个村民小组。村内有全国重点文物保护单位巩县石窟、巩义市文物保护单位抗日名将吉鸿昌“天堑飞渡”纪念碑旧址、民国建筑张仲佑故居、文旅综合体偃月古城。主要姓氏有张等。

康沟村

寺湾村

**南河渡村** 位于河洛镇中部偏南，北靠邙岭，南临洛河，西接寺湾村，东接神南村，面积约 3.4 平方千米，辖 16 个村民小组。村内有河南省文物保护单位常香玉故居、巩义市文物保护单位三元寨碑，以及清代古遗址三元寨遗址、新石器时代古遗址董沟遗址、清代古建筑薄沟薄氏宅院、民国近现代建筑薄家祠堂、香玉坝等。主要姓氏有张、王、李、薄等。

**神南村** 位于河洛镇中部，西南接南河渡村，北接神北村，西靠邙岭，东临洛河，面积 9 平方千米，辖 12 个村民小组。村内有河南省文物保护单位洪沟遗址、民国近现代建筑马晓天旧居。主要姓氏有张、郑、孟等。

**神北村** 位于河洛镇中部偏北，南接神南村，东与七里铺村隔洛河相望，西靠邙岭，东临洛河，面积 7.6 平方千米，辖 10 个村民小组。村内有河洛汇流景区、全国重点文物保护单位刘镇华庄园、郑州市文物保护单位神北大王庙、新石器时代古遗址刘家窑头遗址，以及民国近现代建筑神北宋家院、刘德钦宅院。主要姓氏有刘、任、马等。

**双槐树村** 位于河洛镇中部偏北，西接七里铺村，东接滩小关村，北临黄河，面积 3 平方千米，辖 6 个村民小组。村内有仰韶文化遗址双槐树遗址、东汉古遗址双槐树烽火台、清代古建筑双槐树王建准宅院，民国近现代建筑双槐树大王庙、王保业宅院。主要姓氏有张、王等。河东社区位于双槐树村与七里铺村交界处，占地 23 万余平方米，共有 49 栋住宅楼、1080 套住房，配套设施完善，总建筑面积 15 万余平方米。

神北村

双槐树村　王向阳　摄

**滩小关村**　位于河洛镇中部偏北，西接双槐树村，东南接仁存沟村，北临黄河，面积2平方千米，辖4个村民小组。村内有河南省文物保护单位滩小关遗址。主要姓氏有张、王、杜等。

**仁存沟村**　位于河洛镇东部偏北，西接滩小关村，东接沙鱼沟村，北临黄河，面积2.1平方千米，辖4个村民小组。村内有旧石器时代古遗址仁存沟化石点、仁存沟古道路遗址、民国建筑任连魁宅院、巩县大长湾电灌站。主要姓氏有张、雷、姜、禹、卜等。

**沙鱼沟村**　位于河洛镇东部偏北，西接仁存沟村，东接洛口村，北临黄河，面积6.2平方千米，辖10个村民小组。隋代称砂峪沟，1947年改名称“沙鱼沟”。系原河洛镇政府所在地。村内有清代古建筑王寺院张之东宅院、王寺院张春贾宅院、王寺院古寨门、王寺院赵长庆古门楼、王寺院张耀之宅院、石刻王寺院古井、沙鱼沟张氏祠堂，民国民居沙鱼沟赵宝红民居、荣铁栓民居、窑顶张志勇宅院，以及近现代建筑沙鱼沟公社备战窑指挥部旧址。主要姓氏有张、雷等。

**洛口村**　位于河洛镇东部偏北，西接沙鱼沟村，东接金口村，北临黄河，面积4平方千米，辖12个村民小组。因坐落在洛河入黄河处而得名。村内有河南省文物保护单位新石器时代古遗址伏羲台遗址、隋代唐代古遗址洛口城址、宋代古遗址太平岗寺院遗址、明代古遗址伏羲祠遗址、清代古遗址洛口古洛汭寨门遗址、清代古建筑洛口曹氏祠堂、民国民居曹公如窑洞、古建筑洛口古窑、近现代建筑洛口碉堡、民国近现代建筑洛口大王庙。主要姓氏有曹、陈、许等。

**金口村**　位于河洛镇东部偏北，西接洛口村，东接英峪村，北临黄河，面积 2 平方千米，辖 4 个村民小组。村内有古遗址大路沟古道。主要姓氏有张、贺、付等。

**英峪村**　位于河洛镇东北部，西接金口村，东接荥阳市，北临黄河，面积 3.2 平方千米，辖 7 个村民小组。隋大业十二年（616 年），瓦岗军攻克兴洛仓驻军于此，取名英峪。村内有郑州市文物保护单位新石器时代古遗址庄岭遗址。主要姓氏有刘、张、李、宋、周等。

**荣脑村**　位于河洛镇东南部，西接官殿村、西石沟村，东接荥阳市，面积 1.3 平方千米，辖 4 个村民小组。主要姓氏有荣等。

**西石沟村**　位于河洛镇东部偏南，西接柏沟岭村，东接荥阳市，面积 4.2 平方千米，辖 10 个村民小组。因村西部有红石头而得名。主要姓氏有薛等。

**源村村**　位于河洛镇东部，西接洛口村，东接荥阳市，面积 3.68 平方千米，辖 8 个村民小组。原名源泉村。主要姓氏有贺等。

**寺沟村**　位于河洛镇中部偏南，东接鲁村村，西接站街镇，面积 1 平方千米，辖 3 个村民小组。因唐朝时此地建鸡园寺得名。2012 年，全村整体搬迁，现为站街镇凤鸣社区。主要姓氏有杜、钟、宋、张等。

**黑叶沟村**　位于河洛镇南部，西接寺沟村，南接站街镇，面积 2.8 平方千米，辖 3 个村民小组。因古时黑峪寺坍塌后所生黑叶树得名。主要姓氏有王、张、姜、孙、杨、闫等。

**鲁村村**　位于河洛镇中部偏南，东接柏沟岭村，西接站街镇，面积 4.5 平方千米，辖 11 个村民小组。因距巩县老城 6 里之远，称为六村。明朝末年，有鲁姓人家居此，改六村为鲁村，沿用至今。主要姓氏有孙、张、刘、吴、王等。

洛口村

英峪村

源村村

**胡坡村**　位于河洛镇东部，东接柏沟岭村、仁存沟村，西接站街镇，面积 8 平方千米，辖 16 个村民小组。古时有胡姓人家居此处山坡上，因而得名胡家坡，后称胡坡。主要姓氏有王、吴、张、牛等。

**柏沟岭村**　位于河洛镇东部，西接黑叶沟村，东接西石沟村，面积 1.4 平方千米，辖 5 个村民小组。主要姓氏有张、王、陈、田、刘等。

**七里铺村**　位于河洛镇中部，南接站街镇，东接双槐树村，北临洛河。面积 4.68 平方千米，辖 15 个村民小组。因距巩县县城 7 里之远，故称七里铺。村内有河南省文物保护单位明代古建筑兴佛寺，郑州市文物保护单位洛口仓遗址（含汉将军城）、周氏民居、王小六民居，汉代古墓葬七里铺墓群，清代古遗址七里铺忠心寨遗址，清代古建筑七里铺玉仙圣母庙、曹家祠堂、王家祠堂、雷家祠堂、雷万民宅院、七星庙，民国建筑荣连生宅院、黄河古堤、曹沟吴学宅院、曹沟俱乐部旧址、曹沟张殿臣旧居，古遗址寺沟古洞，以及近现代水利设施七英局一级站、七里铺电灌站。主要姓氏有张、雷、孙、周、曹、王、刘等。

**官殿村**　位于河洛镇东南部，西接黑叶沟村，东接荥阳市，面积 10 平方千米，辖 17 个村民小组。村内有郑州市文物保护单位牛状元府、商代周代古遗址官殿遗址，清代古遗址官殿慈禧行宫遗址、官殿凤翅城遗址、清代碑刻明月坡改换地名碑，民国建筑官殿炮楼群。主要姓氏有张、杨等。

# 自然环境

## 地理位置

河洛镇位于巩义市东北部，镇域面积 112 平方千米，地处东经 113°2′39″，北纬 34°48′41″。

## 地质地貌

按地貌、地层岩性、岩土体坚硬程度及结构特点，河洛镇岩土体工程地质类型可分为松散土体类、半坚硬岩类和坚硬岩类三大类。

根据地势南高北低及周围地带可划分为丘陵山地、黄土台塬和河谷阶地三种类型。

邙山，亦称邙岭。巩义境内的邙山西起徐柏坡，东至神堤河洛汇流处，长 24 千米，大致可分三段：小平山、大力山、神尾山。民国《巩县志》（1930 年）载：“小平山东北十五里，曰大力山。”神尾山又叫神都山，是邙岭的最东段，俗称邙山头，洛河在这里汇入黄河。乾隆年间《河南府志》载：“神尾山为邙山尽处。曰神尾者，神都山之尾也。”

邙岭之一　曹振普　摄

邙岭之二　曹振普　摄

## 气　候

河洛镇属暖温带大陆性季风气候区，年平均气温 14.6℃。月平均气温以 7 月最高，为 27.3℃；1 月最低，为 0.4℃。多年平均降水量 583 毫米，居河南省中偏下水平。降水量时空分布不均，夏季多雨，汛期 6—9 月占年降水量的 60% 左右，冬季少雨雪。河洛镇年平均蒸发量 2200 毫米，为降水量的近 4 倍，尤以春季蒸发量最大，约占全年蒸发量的 30.7%。

春季干旱多风，暖气团势力逐渐转强，升温快、多风、多沙；夏季受蒙古热低压和太平洋副热带气团影响，炎热、多雨；秋季冷气团逐渐入侵，降温急，降水减少；冬季寒冷少雪，受蒙古冷高压和极地大陆高压影响，天气晴冷、干燥，气温低，降水较少。多年平均风向春夏季多偏东风，秋冬季西北风最多，年平均风速 3.2 米 / 秒，年内最大风速 20 米 / 秒。年盛行风频率分别为：西南风 17%，东风 13%，静风 15%。

太阳年辐射量以6月最多，12月最少，1—5月递增，7—12月递减。9月日照时数及百分率明显下降。年日平均气温0℃以上的日照时数为2059.3小时；10℃以上的日照时数为1574.4小时，接近河南省最高值。各月气温的平均日较差在9.2~12.8℃之间变动。11—12月和7—8月气温的日较差都在10℃以上；5—6月的日较差最大，8月最小。日平均气温稳定在0℃以上的天数为312天，作为农作物生长期的界线，能够一年两熟；春季日平均气温从0℃上升到10℃，平均历时45天，平均4.5天上升1℃。秋季从10℃下降到0℃，平均历时46天，平均4.6天下降1℃。

河洛之春 曹振普 摄

河洛之夏　曹振普　摄

之秋　曹振普　摄

河洛之冬 | 曹振晋 | 摄

## 水 文

河洛镇可利用水资源有地下水、过境客水（黄河、洛河）。辖区内水资源集中在黄河、洛河滩区，在地表面下15~20米可见含水层，占有水量1246万立方米，可为滩区耕地提供灌溉用水。

**黄　河**　为我国第二大河流，自西向东流经河洛镇，境内全长11.49千米。自石板沟村流入境内，至英峪村出境，境内黄河湿地自然保护区面积约6万余亩。

**洛　河**　位于黄河流域中下游地区，是三门峡以下最大的支流，属黄河十大支流之一。该河在巩义市境内全长33千米，镇内全长13千米，常年平均流量80立方米/秒，枯水期流量为10~20立方米/秒。

## 土 壤

全镇土壤主要分为潮土类和褐土类。潮土类主要分布在洛河岸的滩区，适宜种植小麦、玉米、水稻、蔬菜、瓜果等；褐土类分布较广，主要分布在丘陵区的广阔地域，适宜多种林果生长。

黄河　王向阳　摄

洛河　曹振普　摄

沃土之一　张欣伟　摄

沃土之二　张耀宗　摄

## 物 产

河洛镇地处中纬度地带，属浅山丘陵区，区域性气候差异大，适宜于多种动植物生存，动植物资源较为丰富。

**栽培植物**

**粮油类** 小麦、大麦、荞麦、玉米、谷子、高粱、芝麻、花生、葵花、蓖麻、油菜、红薯。

**豆 类** 豌豆、扁豆、黄豆、绿豆、豇豆、黑豆、蔓豆。

**菜 类** 菠菜、白菜、芹菜、芥菜、白萝卜、红萝卜、大葱、大蒜、韭菜、香菜、马铃薯、西红柿、梅豆、四季豆、割菜、苘、菜豆角、包菜。

**瓜 类** 冬瓜、南瓜、西瓜、北瓜、苘瓜、甜瓜、黄瓜、菜瓜、葫芦、丝瓜。

**木 类** 椿树、楸树、槐树、桐树、杨树、柳树、榆树、柏树、楝树、桑树、构树、皂角树、洋槐树。

麦田之一 曹振普 摄

麦田之二　曹振普　摄

**果　类**　梨、桃、杏、枣、葡萄、苹果、柿子、核桃、李子、梅子、石榴、山楂、樱桃。

**棉麻类**　棉花、线麻、红麻。

**日用类**　扫帚苗（地肤苗）、丝瓜、圆葫芦。

**藤　类**　荆条、木瓜秧、葡萄秧、桐花架、刺梅、爬山虎、稍瓜秧、紫穗槐。

**野生植物**

**野果类**　酸枣、山葡萄、野山楂。

**中药类**　地黄、防风、远志、杏仁、何首乌、薄荷、枣仁、蒲公英、苍耳子、黄精、夏谷草、地丁、吴家皮、香附、车前子、毛根、前草根、牛子、瓜蒌、三甲皮、五甲皮、枸杞子、艾、桃红、白头翁、荆芥、防半、稀仙草、茵陈、红李子枝、小茴香、千头子、香附子、千年见、勒马菌、翟麦、前草、白菊花、伏花、储腾、拳柏、柏子仁、槐夹、马豆苓、麦冬、三七参、丹皮、白尾、罗罗葱、地柏枝、火苗、地稍瓜、小蓟、麦瓶草、香骨草、马变草、白茅根、洋金花。

**花草类**　芍药、水菊花、指甲草、英树桃、菊花、仙人掌，美人蕉、仙人球、一串红、月季、牡丹、玻璃海棠、假樱桃、紫罗兰、兰草、吊兰、鸡冠花、刺致花、灭效菊、吃饭花、含羞草、假桔子、假茄子、桔子、文竹。

**动　物**

**家　畜**　马、驴、骡、牛、羊、猪、兔。

**家 禽** 鸡、鸭、鹅、鸽。

**兽 类** 狐狸、狼、黄鼠狼、松鼠、山鼠、野兔、獾。

**留 鸟** 麻雀、野鸡、猫头鹰、老鹰、喜鹊、乌鸦、啄木鸟、鸽子、鹌鹑。

**候 鸟** 大雁、小燕、布谷鸟。

**鱼 类** 黄河大鲤鱼、鲫鱼、青鱼、草鱼、白鲢、鲶鱼、鲈鱼等。

# 人口民族

1982 年，人口计 10086 户，46591 人，其中男性 22747 人、女性 23844 人。

1992 年，人口计 12520 户，50860 人，其中男性 25116 人、女性 25744 人。

2002 年，人口计 13053 户，47886 人，其中男性 24002 人、女性 23884 人。

2019 年，人口计 9816 户，37472 人。

姓氏主要有白、焦、尚、蔡、曹、李、赵、康、张、薄、荣、马、任、刘、王、雷等。

民族构成主要是汉族、回族、彝族、壮族。

**2019 年河洛镇各村人口基本情况表**

| 村别 | 户数 | 人数 | 村别 | 户数 | 人数 |
|---|---|---|---|---|---|
| 双槐树村 | 360 | 1543 | 神南村 | 623 | 2346 |
| 滩小关村 | 269 | 999 | 南河渡村 | 701 | 2712 |
| 仁存沟村 | 215 | 855 | 寺湾村 | 504 | 1968 |
| 沙鱼沟村 | 560 | 2014 | 康沟村 | 405 | 1585 |
| 洛口村 | 637 | 2337 | 石关村 | 588 | 2361 |
| 金口村 | 297 | 1088 | 庙门村 | 571 | 2240 |
| 源村村 | 379 | 1371 | 古桥村 | 341 | 1248 |
| 英峪村 | 560 | 2257 | 五龙村 | 328 | 1351 |
| 西石沟村 | 242 | 742 | 蔡沟村 | 385 | 1502 |
| 荣脑村 | 104 | 270 | 水峪村 | 546 | 2190 |
| 神北村 | 590 | 2107 | 石板沟村 | 487 | 1868 |
| 合计 | 9816 | 37472 | | | |

# 社会发展

## 科普活动

河洛镇各村均设有科普 e 站。近年来，科普 e 站每年举办果树种植、烹饪、养殖等技术讲座 10 余次，参与群众达 3800 余人次；有 90% 以上的农民接受劳动技能培训；各类从业人员在岗培训、继续教育每年不少于 50 学时；组织开展各种形式的劳动预备制培训、再就业培训、创业培训、农民工培训等。

## 学校教育

河洛镇办学历史悠久，南宋咸淳四年（1268 年），在神堤保创建嵩洛书院。

元代，在洛口建立河洛书院。

清康熙四十年(1701 年),在石窟寺创办义学,石窟寺学校办学延续到2004年小学合点。

清乾隆十三年（1748 年），在七里铺莲山沟创办莲山书院。

清宣统三年（1909 年），在县西石关村创办见山书院。

1948 年，巩县解放后，镇内建立初小、完小，石窟寺小学为巩县第三完小。

1954 年，各行政村普遍建立完小。

1969 年 3 月，南河渡公社建立五七高中。1977 年，改为巩县十五高中。

科普进校园

1969年5月，在沙鱼沟村王寺院建立“五七农校”；1972年，学校搬迁至沙鱼沟沟口；1973年9月分设高中，成立巩县十六高中。

1980年，在原南河渡乡政府院内建立南河渡初中。

1982年，巩县十五高中、巩县十六高中合并归于巩县一中。在巩县十六高中原校址基础上建立沙鱼沟乡初级中学。

1991年，在南河渡村成立南河渡乡二中。1996年，南河渡乡二中合并至南河渡乡一中，学校更名为巩义市南河渡镇初级中学。2005年，学校更名为巩义市河洛镇南河渡初级中学。

1994年，在七里铺村建立沙鱼沟乡第一初中，原沙鱼沟乡初中改名为沙鱼沟乡第二初中。

2001年，沙鱼沟乡17所小学合并为9所。

2004年，小学合点布局，南河渡镇各村小学撤销，合并至河洛镇香玉小学。

2009年，河洛一中、河洛二中、河洛镇东片区9所小学合并，更名为河洛镇实验学校，同时在洛口村设教学点至今。

截至2019年秋，河洛镇共有幼儿园4所，小学1所，初中1所，九年一贯制学校1所，教学点1个，教职员工313人，在校学生2917人。

**香玉小学** 河洛镇香玉小学是一所全日制公办小学，是全国唯一一所以“人民艺术家”常香玉名字命名的全日制公办小学。学校创办于2004年，占地面积1.03万平方米，建筑面积6500平方米，绿化面积3000平方米，教师58名，学生1024名。香玉小学为巩义市

香玉小学

南河渡初中

戏曲进校园的窗口学校。2011 年 6 月，香玉小学戏曲班被教育部授予“常香玉班”荣誉称号；2018 年 1 月，香玉小学获得“全国中小学中华优秀文化艺术传承学校”称号。

**南河渡初中** 南河渡初中创建于 1980 年，占地面积 4 万余平方米，建筑面积 9675 平方米，绿化面积 3300 平方米，教师 58 名，学生 410 名。1983 年，河南省人民政府授予南河渡初中“振奋精神，开创教育工作新局面”锦旗；1979—1994 年，学校连续 15 年（此项比赛共举行 15 届）获得郑州市初二数学团体赛第一名；1993 年，巩义市人民政府授予南河渡初中“艰苦的劳动，一等的工作”锦旗；学校多次被评为巩义市教育教学先进单位。

**河洛镇实验学校** 河洛镇实验学校是一所九年一贯制学校。学校创办于 2009 年，占地面积 2.57 万平方米，建筑面积 6216 平方米，绿化面积 1062 平方米，教师 64 名，学生 539 名。2019 年，被评为巩义市教育教学先进单位。

## 医疗卫生

**河洛卫生院** 河洛卫生院成立于 1965 年，占地 2.6 亩，建筑面积 2892 平方米，是一所集预防保健、基本医疗、公共卫生服务为一体的综合性医院，是城乡居民医疗保险定点医院，住院部设置床位 25 张。2017 年，河洛卫生院加入巩义市医疗服务共同体联盟，可开展远程会诊、远程报告、远程诊断。

**南河渡卫生院** 南河渡卫生院成立于1953年，占地10亩，建筑面积4000平方米，是一所集预防保健、基本医疗、公共卫生服务为一体的综合性医院，是城乡居民医疗保险定点医院，住院部设置床位45张。2017年，南河渡卫生院加入巩义市医疗服务共同体联盟，可开展远程会诊、远程报告、远程诊断。

河洛镇辖区共有28家村卫生室。

## 群众文化

中华人民共和国成立前有水社、故事、唢呐等文娱活动。

中华人民共和国成立后，群众文化活动的种类和规模有一定的发展，有农民业余剧团、水社、舞狮、故事、旱船、唢呐（俗称响器）等，多为盛大节日和赶庙会演出。

2017年，河洛镇投资50余万元新建镇级文化站，室内建筑面积约400平方米，分别设置了青少年活动室、文体活动室、多功能室、图书阅览室、综合展览室、电子阅览室，学雷锋志愿服务站等功能室。并先后开展了河洛镇第一届摄影展览、河洛之光摄影展、油画展、端午节包粽子制香囊、母亲节手工插花、三八妇女节茶话会、暖暖新年义写春联、经典诵读及各类志愿服务活动。

河洛镇群众文艺演出

河洛镇文化站

2017年，河洛镇建成23个标准化村级文化服务中心，健全完善各村图书阅览室、文体活动室、数字资源室，配备篮球架、乒乓球台、简易戏台等。每年春节、元宵节、清明节、劳动节、中秋节、国庆节、重阳节等重要节庆，组织河洛大舞台、新春戏曲文艺演出、广场舞比赛、舞台艺术送农民等群众文化活动。

春节期间，各村组织拔河、自行车、象棋、乒乓球、篮球等体育活动及春节文艺展演等；正月十五元宵节，还举办灯谜、制元宵活动，群众的文体活动丰富多彩。各村群众爱好不同，组织形式亦各有特色，排演时间一般在农历腊月十五日至正月二十日。

**豫　剧**　河洛镇是豫剧大师常香玉的故乡，民间豫剧文化历史悠久、底蕴深厚，具有广泛的群众基础，自20世纪60年代中期就成立了农民业余剧团。目前，石关村、康沟村、洛口村、英峪村、滩小关村、双槐树等村都有业余剧团，剧团人员在10~40人不等，演出剧目有《黄鹤楼》《阴阳伞》《南阳关》《铡美案》《穆桂英挂帅》《刀劈杨藩》《桃花庵》《对花枪》《曹保山中状元》《药酒台》《唐金花上殿》《背图样》《打面缸》《大保国》《寇准背靴》《宝莲灯》《雷公子投亲》等。

近年来，河洛镇抓住“常香玉”特色文化品牌，连续举办了10余届新春豫剧演唱会。同时，以偃月古城为依托，建设百姓大舞台、戏曲文化广场、戏迷俱乐部、戏曲茶楼、常香玉纪念馆、当代豫剧名家艺术展览馆、戏曲培训基地等，成立了戏曲艺术团，聘请郑州豫剧团优秀戏曲艺术家作为培训指导老师，并邀请省市著名的国家一级演员给学员们在唱腔、发声、表演、塑造人物方面给予艺术指导。目前，艺术团已经成功培养当地学员百余名，成功排练出了《花木兰》《抬花轿》《红灯记》《朝阳沟》《拷红》《白蛇传》等折子戏和戏曲小品，自编自演了 80 多个现代豫剧节目，公开演出 1600 多场。

2017 年，河洛镇成功举办了首届“飞天杯”戏曲表演赛。

2018 年，河洛镇承办了由河南省文联、河南省戏剧家协会主办的“偃月古城杯”第十一届河南省戏曲“红梅奖”大赛。

2018 年 4 月，河南移动戏曲《梨园梦》栏目启动仪式在偃月古城隆重举行。

2019 年，河洛镇成功举办首届“偃月古城杯”戏曲文化节。

**水　社**　水社是乐器队，原为封建神社上水和节日之用。沙鱼沟村、洛口村、金口村、源村村、英峪村都有水社。水社乐器有大鼓、鼓槌（即击鼓的木锤儿）、铜锣、大钹、笙、横笛、鞭鼓、梆子等。外出上水时，队前领旗一面，彩旗少则几面，多则十几面，三眼铳一对，后随全乐队，两边是枪、刀、剑、戟、月牙斧等，中间是乐队，一行五六十人。乐时，锣鼓声与吹奏声形式多样，响声如雷，余音幽长，震天动地。

全国常派豫剧艺术研修班香玉故里汇报演出

戏曲文化节

大鼓表演

**舞 狮** 逢年过节群众喜欢看“玩狮子”。狮皮用山羊皮缝成，狮头内设架，外用山羊皮、石青等材料塑造而成。舞狮者下穿山羊皮裤，一人双手撑狮头，使头动嘴张灵活；一人双手扶前者腰部，弯腰撑狮身驼尾，斗狮者身穿武士衣着，脚穿大缨彩鞋。

犟驴

斗狮的表演形式多样，主要有绣球、枪、刀、剑、戟、棱子棍、狮上架、狮子上老杆等。平地斗狮有偏正门、背剑打梢腿、打耳旁、打蹄子、钩鱼转身五种。乐器有大狮子鼓、锣、大钹等。表演时乐器齐奏、炮声震耳、震惊狮子，斗狮者引狮入场，表演精彩节目，动作优美惊险、引人入胜，是群众非常喜欢的一种文娱形式。

**故 事** 俗语：“高跷、故事、柳木腿”，即用柳木制成高腿，人们踩在高腿上演文艺节目就称为“故事”。“故事”分为 3 种：高跷（用木材做成高 1.5 米，下一米为跷脚，上固定一横踩板，跷上部绑在腿下部）；低跷（比高跷低 0.5 米）；地摊儿（没有跷腿）。“故事”的道具有枪、刀、剑、马鞭，演员化装视排演节目而定，一般有相公、花旦、青旦、官生、老生、老旦等角色。表演形式和节目是豫剧、曲剧中的折子戏，乐器与剧团乐队基本相同。外出表演一般是彩旗数面，大锣两面，墩子鼓一个，锣、钹数个，演员前有一丑角，穿戴滑稽，撑破伞（俗称“卖膏药伞”），手拿芭蕉叶扇，口唱滑稽有趣的顺口溜，吸引观众，惹人逗笑。康沟村、仁存沟村、源村村、洛口村、沙鱼沟村等村都有这种文艺团体。

**旱 船** 旱船是用竹子绑扎而成船形，一位演员站在船中，将船架缚在腰部，下用花布围避，另一演员是船夫，表演时乐队伴奏，船身在场上来往游动，十分逼真。

## 社会保障

**劳动就业** 2017 年，河洛镇完成城镇新增就业 280 人，其中失业人员再就业 55 人，就业困难人员再就业 35 人。完成农村劳动力转移就业 265 人，农村劳动力技能培训 158 人，家庭服务业促进就业 70 人。完成推荐就业 168 人，其中城镇介绍就业 35 人，农村劳动力

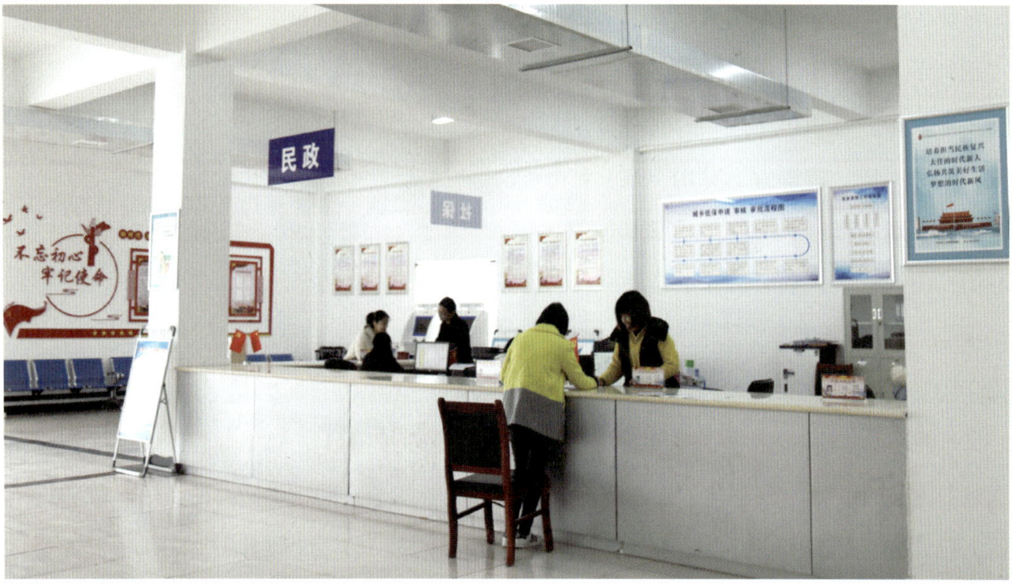


河洛镇便民服务中心

介绍就业 133 人。

2018 年，河洛镇完成城镇新增就业 265 人，其中失业人员再就业 48 人，就业困难人员再就业 20 人。完成农村劳动力转移就业 245 人，农村劳动力技能培训 145 人，家庭服务业促进就业 65 人。完成推荐就业 150 人，其中城镇介绍就业 30 人，农村劳动力介绍就业 120 人。

截至 2019 年 10 月，河洛镇完成城镇新增就业 250 人，其中失业人员再就业 40 人，就业困难人员再就业 15 人。完成农村劳动力转移就业 240 人，农村劳动力技能培训 130 人，家庭服务业促进就业 50 人。完成推荐就业 120 人，其中城镇介绍就业 20 人，农村劳动力介绍就业 100 人。实现贫困家庭中有就业意愿和就业能力的劳动力全部转移就业。

**社会保险** 2010 年，城乡居民基本养老保险征缴 1474 人。

2011 年，城乡居民基本养老保险扩面征缴 10870 人。

2012 年，城乡居民基本养老保险扩面征缴 10855 人，新增参保 333 人。

2013 年，城乡居民基本养老保险扩面征缴 10548 人，新增参保 306 人。

2014 年，城乡居民基本养老保险扩面征缴 10271 人，新增参保 261 人。

2015 年，城乡居民基本养老保险扩面征缴 9578 人，新增参保 570 人。

2016 年，城乡居民基本养老保险扩面征缴 9647 人，新增参保 422 人。

2017 年，城乡居民基本养老保险扩面征缴 8998 人，新增参保 466 人。

2018年，城乡居民基本养老保险扩面征缴9948人，新增参保2161人。

**社会福利** 1984年，在河洛镇沙鱼沟村创办河洛镇敬老院，占地面积6660平方米，建筑面积1200平方米。目前集中供养人数15人，后勤人员3人，院长1名。

2017年，为2户4人申请临时救助，发放救助金3810元。

2018年，为59户66人申请临时救助，发放救助金13.42万元，并为贫困群众发放棉被20条。

截至2019年10月，为48户48人申请临时救助，发放救助金10.9万元。

**残疾救助** 2017年，享受困难残疾人生活补贴384人，享受重度护理补贴276人。

2018年，享受困难残疾人生活补贴247人，享受重度护理补贴258人，享受贫困困难生活补贴107人。享受残疾人自主创业补贴3人，发放资金6000元。享受残疾人机动轮椅车燃油补助19人，发放资金4160元。享受残疾人专职委员补贴23人，发放资金3450元。为残疾人申请辅助器具160件。

2019年，享受困难残疾人生活补贴270人，享受重度护理补贴256人，享受贫困困难生活补贴38人。享受残疾人机动轮椅车燃油补助17人，发放资金4420元。享受残疾人专职委员补贴24人，发放资金3600元。享受残疾人通信补贴156人，发放资金56160元。为建档立卡残疾人家庭进行无障碍改造52户，改造资金112470元。为残疾人申请辅助器具191件。

**社会救助** 河洛镇共有建档立卡贫困户341户825人，其中一般脱贫户161户501人、低保脱贫户117户245人、特困供养脱贫户57户62人、低保特困供养户4户13人、低保特困供养脱贫户2户4人，全部脱贫。

2018年，河洛镇为低保贫困家庭135户228人发放救助金66.47万元，为特困贫困家庭71户74人发放救助金30.67万元。英峪村依托40家企业，完成贫困户转移就业14户16人。

截至2019年10月，为低保贫困家庭119户191人发放救助金63.41万元，为特困家庭68户70人发放救助金50.69万元；发放短期技能培训补助8000元，发放春季学期建档立卡贫困学生职业教育助学补助金3.75万元，惠及贫困学生25人。

河洛镇辖区内企业在大力发展自身的同时，不忘参与公益事业。2017年，为了改善建档立卡贫困户的居住条件，提高生活水平，河洛镇组织企业进行募捐活动，31家企业共捐款85.2万元用于改善贫困户生活。

## 居民生活

**衣** 人们的衣着发生了明显的变化，一改过去粗布衣服、黑色、蓝色为主的状况。20世纪五六十年代，农民穿的多是自织、自染、自做的粗布衣，城镇男士多穿青色中山装，女士多穿列宁服，职工上班穿劳动服、工作服。

20世纪80年代，随着物质生活水平的逐渐提高，人们的观念更新，不再满足于单调的着装方式，健美裤、喇叭裤、蝙蝠衫、红裙子，是当时特有的潮流标签。进入90年代，西服成为主流，各式各样的外套、大衣、休闲服、皮衣、内衣、T恤衫、夹克、羽绒服等陆续进入商场、超市、服装专卖店，各种品牌、款式，国产的、进口的、合资的，琳琅满目。进入21世纪，人们对服装的诉求发生了颠覆性的改变，已从当初的御寒、盲目崇拜、跟风从众，转变为一种追求个性与品位的更高境界，面料的舒适度、自我的彰显，成为人们着装的首选，服饰已成为个性的代言。

**食** 1978年前，在农村，口粮多是玉米，有少量小麦和黄谷。玉米的吃法常见有几种：做成馍馍，或头一天和水发一夜，第二天做出有一点酸甜味的馍，称为发馍馍。农民除种粮食作物外，杂种有芝麻、花生、豆类、西瓜、蔬菜等，林果业也同时发展起来。1978年后，农民一方面保证自食粮油和果类，同时参加集市贸易，增加经济收入，人民群众的生活得到很大改善，广大群众一日三餐全细粮、油馍肉菜瓜果香。节日待客以水饺、炸酱面、四个菜的居多。遇有喜庆，则特请厨师，制作美味佳肴，摆设宴席，根据季节配以果汁、汽水、啤酒、白酒等。

进入21世纪，鸡鸭鱼肉成了餐桌上的常客，群众不再满足于吃饱吃好，更讲究合理搭配、健康饮食。群众的餐桌上不仅增添了蔬菜、肉类、蛋奶、水果等副食品，吃的观念也在不断更新，健康的饮食理念已成为人们关注的焦点，绿色有机的农副产品成为百姓餐桌的新宠。早餐多为馒头、油馍、烙馍、小麦面鸡蛋汤、小米汤、大米汤、玉米糁汤，或以米、豆拌红薯、胡萝卜、老南瓜熬成的营养粥。午餐常吃捞面条（分蒜面条、炸酱面条、臊子面条等）、蒸卤面、大米干饭配炒菜、水饺、包子或馒头配大锅菜。晚餐和早餐基本相同，部分人晚餐喜欢喝小米绿豆汤、燕麦片汤或汤面条，辅之以烧饼、烙馍、小菜等。

**住** 1978年前，占总人口90%以上的农民居住土窑洞，多选沟底崖下，依山挖窑。滩区则为砖木结构青瓦房。1980年后，居民建房一般由村镇选择交通方便、通风向阳处统一规划，各家各户自行建造。新建住宅多是平顶或楼房，都是砖、石灰或钢筋水泥结构，少则三五间，多则十余间，一层较多，两层、三层楼房日增。改造老式土窑洞，一般是窑洞内砖砌，窑前或两侧盖新房，窑房双全，春秋住平房，冬夏住窑洞。随着时代的发展，农村出现别墅式小楼，砖砌围墙，大门楼，多数是平顶外粉刷，十分壮观，房屋的内外装修也越来越考究。房内安有地砖、墙砖；卫生间、厨房也趋向城市的潮流。进入新时代，辖区内建设了多个新型居民小区，许多老百姓都搬进了带电梯的小高层。

**行** 20 世纪 40 年代以前，人们大多步行，或坐轿、坐小推车、骑驴、骑马。20 世纪 50 年代仍以步行为主，也有骑马、骑驴，个别骑自行车，长途搭乘汽车、火车。20 世纪 60—80 年代骑自行车的人渐多，摩托车较少。20 世纪 90 年代骑摩托车者增多，逐步兴起三轮车、老年车。进入新时代，私家车、飞机和高铁成为人们最普遍的代步工具，自驾游成为群众出游时尚。

河洛民居 曹振普 摄

## 精神文明创建

进入新时代，河洛镇始终以习近平新时代中国特色社会主义思想为指导，培育和践行社会主义核心价值观，涵养美丽乡风。2018 年 1 月，河洛镇被评为“巩义市级文明镇”。目前，全镇有巩义市级文明村 9 个——康沟村、古桥村、庙门村、五龙村、石关村、蔡沟村、洛口村、神南村、水峪村。

**培育和践行社会主义核心价值观** 设置社会主义核心价值观公益广告 700 多处，全镇各行政村普遍建起新时代文明实践站，开展志愿服务、经典诵读、节日民俗、文化娱乐和体育健身等活动；利用“农家书屋”文化活动阵地，开展“经典咏流传”诵读等形式的读书学习活动；在各村组织消夏电影逐村放映活动；组织源村、沙鱼沟村、神南村、庙门村、双槐树村等开展“舞台艺术进乡村、进社区”戏曲演出活动；积极协调各村举办特色文化活动，如源村剪纸活动、古桥村第三届“最美家庭”评选活动、水峪村第三届书法爱好者书画展等；以庆祝新中国成立七十周年为主题，开展河洛大舞台文艺展演活动 10 余场。

**移风易俗倡树文明新风** 各村均制定村规民约，成立村民议事会、道德评议会、禁毒禁赌会、红白理事会、孝善理事会等，积极推进乡风文明。开展移风易俗宣传，倡导文明祭祀。组织党员干部到烈士陵园扫墓，向先烈致敬。

**志愿服务暖人心** 2017 年以来，河洛镇大力弘扬“奉献、友爱、互助、进步”的志愿服务精神，以学雷锋志愿者服务活动为载体，以清洁家园、妇女节、植树节、移风易俗、

学雷锋志愿服务站

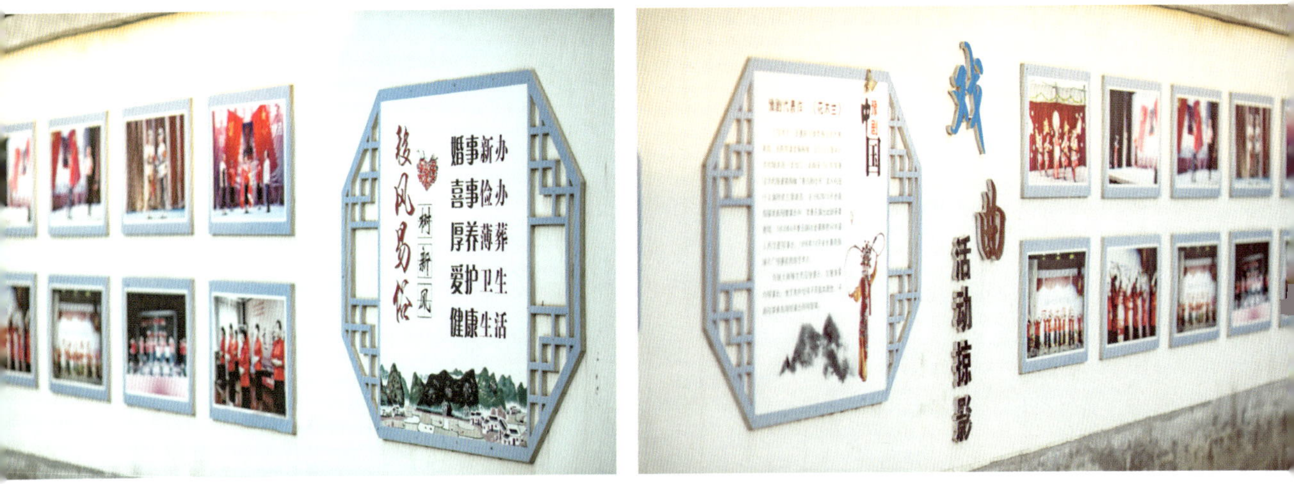


庙门村文化墙

“5·12 防灾减灾日”“关爱母亲”、《河南志愿服务条例》宣传等为主题，持续开展周六志愿服务活动，服务群众达 5000 余人次。截至 2019 年 10 月，河洛镇建设志愿服务站 24 个，注册志愿者 5244 人。

红色文艺轻骑兵下基层巡演活动

## 乡镇建设

### 道　路

**省道 S235**　省道 S235 河洛段于 2002 年建成通车，南北长 3.4 千米，路面宽 18.5 米，设计时速 80 千米 / 小时。

**省道 S312**　省道 S312 河洛段于 2015 年建成通车，东西长 14.5 千米，路面宽 33.5 米，设计时速为 100 千米 / 小时。

**县道 X001**　县道 X001 始建于 1972 年，分别于 2005 年、2008 年、2009 年改建完工，总长 32.3 千米，其中沿黄河河道边界河洛段东西长 8 千米，宽 6.5 米。

连霍高速穿境而过　曹振普　摄

省道 S235　张建军　摄

省道 S312 曹振普 摄

县道 X001 王向阳 摄

## 桥　梁

**省道 S235 伊洛河大桥**　2002 年建成通车，长 760 米，桥面宽 18.5 米。

**省道 S235 南河渡黄河大桥**　2001 年 10 月建成通车，长 3010.13 米，桥面宽 18.5 米。

**省道 S312 伊洛河大桥**　2015 年建成通车，长 720 米，桥面宽 32.5 米。

**石灰务伊洛河大桥**　石灰务伊洛河大桥于 1995 年建成通车，长 486.2 米，桥面宽 16 米。

## 公共交通

河洛镇目前拥有公交营运线路 2 条，12 路公交线路全长 9 千米，全线设 9 个站点，营运车辆 8 台，每 30 分钟一班；旅游公交线路全长 19.5 千米，全程共 35 个站点，营运车辆 10 台，每 14 分钟一班。

巩温黄河大桥

S312 伊洛河大桥　王向阳　摄

石河路伊洛河大桥　王向阳　摄

# 水利建设

**伊洛河治理工程** 治理范围为洛河左右两岸，左岸堤防始于五龙橡胶坝下游，止于南河渡村，涉及治理段河道长度 4.2 千米；右岸堤防始于五龙橡胶坝下游，止于西泗河口，涉及治理段河道长度 5.7 千米。主要建设内容为干流堤防加固，拆除重建 9 座排涝涵闸，改建 1 座穿堤桥涵，庄头险工、庙门险工、南河渡险工、龙尾险工和仓西险工处理，五龙橡胶坝右岸下游河槽防护工程，新修防汛道路 2.1 千米。

**五龙橡胶坝工程** 五龙橡胶坝工程是集蓄水、发电、通航等功能为一体的水利枢纽工程，总投资 7492 万元，坝址位于五龙村，距洛河入黄河口 10 千米。橡胶坝最高蓄水位 109.8 米（洛河枯水位 103.5 米），蓄水总量为 1270 万立方米，回水面积 3.24 平方千米，回水长度 15.6 千米，水面平均宽度达 300 余米。五龙橡胶坝建成后，改善了地表水用水现状，增加了地下水回灌补源量。

**神堤控导工程** 神堤控导工程位于黄河右岸神北村北，距巩义市区 13 千米，工程上距裴峪工程 10 千米，下首即为伊洛河入黄口，迎对岸大玉兰控导工程来溜，送至对岸张王庄控导工程。工程始建于 1974 年，修筑有 8~23 坝 16 个单位工程，属于地方民建，1978 年移交给黄河河务部门管理。2000 年，续建 1~7 垛及 24~28 坝。2008 年对 24~28 坝

五龙橡胶坝之一 霍文霞 摄

五龙橡胶坝之二　曹振普　摄

进行了取直加长改建。工程共有丁坝 21 道，垛 10 个，工程长度 2879 米，裹护长 4088 米。其中上延 3~7 垛为滩地挖槽并抛散石护脚加深基础，24~28 坝为水中进占施工。

**金沟控导工程**　金沟控导工程位于黄河右岸巩义市和荥阳市交界处，迎对岸张王庄控导工程来溜，送至同岸的孤柏咀工程。依据行政区域划分，工程 1~12 坝隶属于巩义市河务局管辖，工程长度为 1200 米。其中 1~5 坝为旱工挖槽铅丝笼沉排结构，6~12 坝为水工结构。

**河东滩区民建大坝**　河东滩区始建于 20 世纪 70 年代，有防洪丁坝 37 道，工程全长 4320 米，这些工程有效地保持了黄河河道的稳定，同时还保护了数万亩黄河滩地及农林牧渔业生产开发，创造了良好的经济效益。

**灌溉设施**　河洛镇共有地下取水井 290 眼，年均取水量 1141.7 万立方米，其中规模以上机电井 154 眼，年均取水量 1116.88 万立方米。有效灌溉面积 3.5 万亩，其中，大长湾电灌站一级站灌区有效灌溉面积 3000 亩，渠道长度 3 千米。

金沟控导工程　王向阳　摄

## 供　水

辖区生产、生活用水除石板沟村、蔡沟村、五龙村外，其他村都有自备井。

## 供　电

河洛镇电力分布情况：镇内 10kV 配电线路 19 条，线路总长 154.191 千米；0.4kV 配电线路 254 条，线路总长 183.2 千米。配电台区 167 个，总容量 185525kVA，其中专用变配电台区 140 个，综合变配电台区 217 个。

豫联水厂　王向阳　摄

## 供　气

大部分村已铺设燃气主管道，其中寺湾村、石关村、庙门村、古桥村部分住户实现了燃气入户；仁和小区、石关新村全部住户的燃气管道设备已安装到位，巩义市河洛镇城中村改造项目（鸿森·伊洛鑫苑）264户住宅燃气设备安装工程全部完成；偃月古城、南河渡初级中学及25家耐材企业实现通气。

## 排　水

河洛镇伊洛河沿线各村涉及排污口18个，经石关村污水处理厂和神北村临时污水站解决污水直排情况。石关污水处理厂与中持水务公司合作，租用污水处理一体化设备，日处理量3000吨，沿线水峪村、蔡沟村、五龙村、古桥村、庙门村、石关村、南河渡村铺设污水管网，有效解决伊洛河沿线各村污水排放问题；神北村临时污水站，使用日处理量100吨的一体化处理设备，解决神北两个排污口污水排放问题。

## 绿　化

**青山工程**　青山工程以新造林为主要内容，一期工程位于镇西邙岭，于2018年11月开工建设，主要种植杜仲、银杏、国槐、五角枫、栾树、麻栎等绿化树种，新造林面积1.3万余亩；二期工程位于镇东黄河滩区，于2019年3月开工建设，新造林面积2000亩。

河洛镇青山工程之一

河洛镇青山工程之二

**绿水工程** 以洛河河道整治、水生态修复和景观提升等为主要内容，工程于2018年5月开工建设，绿化面积3000亩。

**西石沟美丽乡村建设项目** 2019年新建游园面积1500平方米，栽植海棠树、红叶李200余棵。

**源村美丽乡村建设项目** 2019年新建游园一座，占地800平方米，内铺设透水砖，栽植桂花、紫薇、海棠和低矮绿植花卉，游园内有休闲亭、长廊，沿河道安装青石栏杆。

源村村美丽乡村建设游园

**滨河公园**　2019年完成滨河公园提升工程，投资18万元，栽植白玉兰、广玉兰、红叶李、梨树、桂花、五角枫、紫玉兰等300余棵。

**省道S312绿化工程**　2017年4月开工建设，2017年年底完工。该工程沿S312西起蔡沟村，东至神南村，全长7千米，道路分车绿化带宽2.5米，种植有紫薇、北美海棠、大叶女贞；两侧绿线宽7.5米，绿化总面积12万余平方米，种植有白蜡、海棠、红叶石楠球、大叶女贞、樱花、雪松、栾树等，共种植乔木8千余棵、灌木及球类植物1.4万余棵。

省道S312绿化工程　张建军　摄

## 环境卫生

辖区配备设施有垃圾运输车 1 辆、清扫车 2 辆、洒水车 1 辆、吸污车 1 辆、垃圾收集车 5 辆、转运站 1 个，果皮箱 56 个、垃圾桶 1300 个，勾臂箱 102 个。环卫工人 140 人。基本实现了垃圾清、污水清、路障清、路灯明。

# 党建政事

## 中国共产党巩义市河洛镇委员会

2005 年，成立中共巩义市河洛镇委员会，至 2019 年 10 月，河洛镇党委所属 43 个党（总）支部，党员总数 1581 人。其中，村党支部 22 个、1331 名党员，机关党支部 2 个、76 名党员，非公企业党（总）支部 16 个、136 名党员，镇直属党支部 3 个、38 名党员。

**原河洛镇** 1963 年，成立沙鱼沟人民公社党委。

1968 年，成立沙鱼沟人民公社革命委员会。

1972 年，成立中共巩县沙鱼沟人民公社委员会。

1983 年，成立中共巩县沙鱼沟乡委员会。

河洛镇“不忘初心、牢记使命”主题教育合唱比赛

源村村党建文化墙

庆祝新中国成立70周年“快闪”活动

1996 年，成立中共巩义市河洛镇委员会。

**原南河渡镇** 1963 年，成立南河渡人民公社党委。

1968 年，成立南河渡人民公社革命委员会。

1972 年，成立中共巩县南河渡人民公社委员会。

1983 年，成立中共巩县南河渡乡委员会。

1996 年，成立中共巩义市南河渡镇委员会。

## 巩义市河洛镇人民政府

2005 年，成立河洛镇人民政府。

**原河洛镇** 1963 年，成立沙鱼沟人民公社。

1968 年，成立沙鱼沟人民公社革命委员会。

1981 年，成立沙鱼沟人民公社管理委员会。

1983 年，成立沙鱼沟乡人民政府。

1996 年，成立河洛镇人民政府。

**原南河渡镇** 1963 年，成立南河渡人民公社。

1968 年，成立南河渡人民公社革命委员会。

1981 年，成立南河渡人民公社管理委员会。

1983 年，成立南河渡乡人民政府。

1996 年，成立南河渡镇人民政府。

## 人 大

自 2005 年合并原河洛镇、原南河渡镇设立新的河洛镇后，于 2007 年 1 月 16 日召开了河洛镇第一届人民代表大会第一次会议。2007—2018 年，河洛镇人民代表大会每 5 年一届。至 2019 年 10 月，河洛镇共有郑州市级人大代表 2 人，巩义市级人大代表 11 人，镇级人大代表 55 人，建设 5 个代表联络站。

河洛镇人大代表联络站

## 政　协

至 2019 年 10 月，河洛镇共有巩义市级政协委员 6 人，其中党员委员 2 人，非党员委员 4 人。2009 年 5 月，河洛镇建立政协委员之家，面积 100 平方米左右。

## 共青团

至 2019 年 10 月，河洛镇共有共青团员 502 人，团支部 28 个，其中村团支部 22 个，非公企业、社会组织、新兴领域团支部 6 个。

## 妇　联

2017 年，河洛镇妇联依法选举产生了主席 1 人，专职副主席 1 人，兼职副主席 3 人，配备执行委员会委员 35 人；全镇 23 个村依法选举产生了村妇联主席 23 人，副主席 46 人，配备村妇联执行委员会委员 260 人，确保了妇女参与村务的决策与管理，充实了基层组织力量。

## 工 会

至2018年底，河洛镇共有企业工会26家，工会会员总数1180人。近年来，工会为困难职工提供政策咨询、困难救助、法律援助服务，救助困难职工，开展“一帮一”结对帮扶活动、金秋助学活动、送温暖活动、“面对面，心贴心”活动、募捐活动。

**河洛镇历年获得荣誉统计表**

| 序号 | 时间 | 荣誉称号 | 颁奖单位 |
| --- | --- | --- | --- |
| 1 | 1996年 | 奋进杯竞赛奖 | 中共巩义市委、巩义市人民政府 |
| 2 | 1999年 | 奋进杯铜奖 | 中共巩义市委、巩义市人民政府 |
| 3 | 2000年 | 奋进杯铜杯 | 中共巩义市委、巩义市人民政府 |
| 4 | 2003年 | 奋进杯金杯 | 中共巩义市委、巩义市人民政府 |
| 5 | 2004年 | 奋进杯铜杯 | 中共巩义市委、巩义市人民政府 |
| 6 | 2007年 | 奋进杯夺杯优秀单位 | 中共巩义市委、巩义市人民政府 |
| 7 | 2008年 | 三产杯铜杯 | 中共巩义市委、巩义市人民政府 |
| 8 | 2010年 | 奋进杯铜杯 | 中共巩义市委、巩义市人民政府 |
| 9 | 2013年 | 奋进杯铜杯 | 中共巩义市委、巩义市人民政府 |
| 10 | 2017年 | 奋进杯银杯 | 中共巩义市委、巩义市人民政府 |
| 11 | 2010年 | 郑州市“六好”乡镇街道工会 | 郑州市总工会 |
| 12 | 2010年 | “五好”党工委 | 中共巩义市委 |
| 13 | 2011年 | 先进基层党组织 | 中共巩义市委 |
| 14 | 2011年 | “五好”党总支部 | 中共巩义市委 |
| 15 | 2011年 | “五好”党工委 | 中共巩义市委 |
| 16 | 2009—2011年 | 郑州市乡级政府统计基础建设示范单位 | 郑州市统计局 |
| 17 | 2012年 | 创先争优先进党（工）委 | 中共巩义市委 |
| 18 | 2014年 | 河南省园林镇 | 河南省住房和城乡建设厅 |
| 19 | 2017年 | 巩义市文明镇 | 中共巩义市委、巩义市人民政府 |
| 20 | 2017年 | 创建全国文明城市工作一等奖 | 中共巩义市委、巩义市人民政府 |
| 21 | 2017年 | 河南省绿化模范镇 | 河南省林业厅 |
| 22 | 2018年 | 黄河湿地保护工作先进单位 | 郑州市林业局 |
| 23 | 2019年 | 河南省戏曲名镇 | 河南省戏剧家协会 |

# 镇域经济

## 经济总体状况

进入新时代，河洛镇以习近平新时代中国特色社会主义思想为指导，牢固树立新发展理念，坚持发展是第一要务，切实做好“生态、文化、旅游、科技”四篇文章，全镇经济取得了跨越式发展。2018 年，全镇公共财政预算收入完成 1.3226 亿元，规模工业增加值完成 2.37 亿元，固定资产投资完成 6.96 亿元，粮食总产量达到 11768 吨。

## 农　业

1986 年，实施联合国粮农组织计划署 2814 渔业项目，建成千亩渔场。“十五”期间，完善滩区排水防洪工程，开挖渠 1500 米，加高围堤 1200 米，解决滩小关、仁存沟、沙鱼沟内滩的内涝问题，粮食种植条件初步得到改善。发展经济作物种植，主要有油菜田 6000 亩、棉花田 3000 亩、地黄田 2200 亩。畜牧方面，全镇有养猪专业户 89 户，猪存栏 4392 头。以黄河滩粮食自给工程和邙岭综合开发为中心，发展生态工程和特色农业。因地制宜、宜林则林，大力发展林业和特色种植，在邙山丘陵区发展以杨树、桐树为主的水土保持林 1000 亩，以柏树、桐树为主的生态林 3000 亩，果树 2000 亩，种植石榴、核桃、冬枣、美国杏李、油桃等特色品种。

农业种植之一　张建军　摄

农业种植之二　曹振普　摄

春种　张欣伟　摄

夏收　曹振普　摄

果树种植　乔海通　摄

石榴种植　李峻峰　摄

至2018年年底，成立各类农业合作社48个，95%以上耕地实现了农机化作业，生活用水、用电管线不断完善，滩区有机井130余座，灌溉实现全覆盖。滩区、岭区及镇村路网基本形成，黄河滩区葡萄种植基地、优质梨种植基地、邙岭核桃种植基地初具规模，花生、西瓜、玉米、红薯、有机蔬菜等一批高产优质作物种植成为农业增效的重要渠道。

## 工业

河洛镇工业起步于20世纪60年代，发展于70—80年代，90年代初具规模，支柱产业是耐火材料、机械制造、净水剂、铝合金加工、教学仪器等。90年代，全镇耐火材料有22个系列、1000多个品种，销售网络覆盖全国28个省区，及越南、美国、泰国、日本、津巴布韦等国家。进入21世纪，企业进行改制，形成了以高档耐材、机械制造、科教仪器、模板制造、茶饮料生产为主的产业布局。

至2019年10月，全镇工业企业总数58家，其中规模以上企业17家，涌现出河南华宇高炉实业有限公司、河南宏建机械模板材料有限公司、今麦郎饮品（郑州）有限公司、巩义市神南特种耐火材料厂、河南伟志模板有限公司、巩义市新科耐火材料有限公司、巩义市天禹耐材有限公司、巩义市予华仪器有限责任公司等龙头企业。

河洛镇工业生产之一　崔瑞峰　摄

河洛镇工业生产之二 刘成武 摄

## 河南华宇高炉实业有限公司

郑州华宇耐火材料有限公司（现名河南华宇高炉实业有限公司）位于河南省巩义市河洛镇南河渡工业区，占地面积 28 万平方米，总资产 2 亿，年产各种耐火材料 25 万吨。由 8 个部门、6 个分公司组成，现有员工 1900 余名。公司成立了博士工作站、耐火材料技术研究中心、炉窑长寿工程技术开发部，主要生产高炉、热风炉、隧道窑、回转窑等新型耐火材料。公司相继承担了“八五”“十一五”国家科技攻关项目，“863”国家高技术研究发展计划等，拥有发明专利 23 项。1983 年，该厂莫来石结合碳化硅产品荣获河南省双改成果二等奖。1988 年，企业生产的硅碳刚玉耐火产品开始相继出口美国、朝鲜、越南等国家，创取了大量外汇，产品走向了国际市场，公司获取了直接经营进出口权。1989 年，成立了硅碳刚玉耐火材料研究所，利用法国 SAVOA 公司大模块技术，率先研制出中国炼铁新技术领域的华宇高炉陶瓷杯及高炉、热风炉系列耐火材料高档产品。2001 年，全国 68 名专家参加高炉非金属冷却壁、异质镶嵌式炉缸技术研讨会，2002 年，这两项发明均获国家专利。同年，落实国家政策，企业改制为民营股份制企业，组建“华宇耐火材料有限公司”。2016 年，公司更名为河南华宇高炉实业有限公司。

## 今麦郎饮品（郑州）有限公司

今麦郎饮品（郑州）有限公司于 2006 年 5 月 26 日成立，隶属于今麦郎饮品股份有限公司，位于河南省巩义市生态经济园区神堤大道 1 号，占地 200 余亩。主要品项为：矿物质水、茶饮料（冰红茶、绿茶、茉莉蜜茶）、果汁饮料（冰糖雪梨、冰糖柚子）等非碳酸饮料。公司在 2016 年获得河南省省级节水型企业荣誉称号；连续获得巩义市纳税先进单位荣誉称号、社会保险诚信单位荣誉称号、企业“贡献杯”荣誉称号；现为巩义市 30 强企业。

今麦郎饮品（郑州）有限公司

## 河南宏建机械模板材料有限公司

河南宏建机械模板材料有限公司位于古桥村，占地面积约 70 亩，年产值 6000 万元，纳税 600 余万元，现有员工 96 名，总资产 4000 余万元。主要设备有数控车床、刨床、铣床、磨床、钻床、滚丝机、剪板机、折弯机、剪断机、冲床等。主营工程用锚杆（索）专用设备、矿用支护材料、路桥钢模板三大类产品，产品主要服务于矿用支护、高速公路、高铁、高层建筑施工中。公司为建设部首批重点推荐企业（模板与脚手架行业）、中国建筑金属结构协会模板脚手架委员会主任单位、全国模板行脚手架行业 60 强企业，厂内现有模板脚手架从业人员实操培训基地。2017 年被河南省科技厅批准设立“院士工作站”。

## 巩义市神南特种耐火材料厂

巩义市神南特种耐火材料厂位于河洛镇神南村，占地面积约 50 亩，年产值 4000 多万元，每年出口创汇近 200 万美元，纳税 300 余万元，现有员工 100 名，总资产近 5000 万元。主要设备有：1200 吨电动数控螺旋压力机一台，630 吨、400 吨电动数控螺旋压力机各 2 台，液压振动成型机 10 台；1750℃高温天然气梭式窑共 7 座，大型锯、切、磨砖机 8 台。

## 河南伟志模板有限公司

河南伟志模板有限公司始建于 1999 年，是一家专业从事模板及相关产品研发加工的现代化企业，原名河南伟志模板厂，2019 年 4 月因公司发展需要，更名为河南伟志模板有限公司。公司现有职工 217 人，主要产品有钢模板、桥梁模板、挂篮、隧道台车、高铁模板、地铁模板、城市轨道交通模板、空心板、墩柱、盖梁、涵洞、防撞墙、路缘石、集水槽、液压 T 梁模板、液压箱梁模板、滑膜、护坡砌块、城市轨道交通模板等模板。公司现有 30 余名研发人员，对 100 吨、36 米跨径龙门吊，40 米箱梁架桥机，起梁机，运梁平车和大型现浇箱梁吊挂模板有丰富的设计经验和制作工艺。公司在京珠高速公路安阳至新乡改扩建工程、连霍高速公路郑州至洛阳改扩建工程、桃花峪黄河大桥等项目中被定为河南省唯一一家模板准入企业。被河南高速公路发展有限公司安新改建工程项目部授予“重合同守信誉企业”“国内质量甲等模板企业”“质量信得过单位”称号，被河南电视台授予“质量信得过单位”称号。2007年该公司模板出口菲律宾，受到施工单位的好评。2010年，该公司与连霍高速改建合作项目所取得的成果3次刊登在《中国交通报》上。

### 巩义市天禹耐材有限公司

巩义市天禹耐材有限公司始建于1986年，公司前身是巩县硅碳刚玉制品厂，20世纪80—90年代是河洛镇的八大乡镇企业之一。2004年，工厂改制为有限责任公司。公司占地80亩，建筑面积40000平方米，注册资金2000万，固定资产7000万，在职职工130余人。公司拥有专利18项，其中发明专利1项，实用新型和外观专利17项；注册有“天禹耐材”商标；拥有自主进出口经营权；通过了质量管理体系认证、职业健康安全管理体系认证、环境管理体系认证。公司获得“河南省优秀科技型企业”“河南省优秀科技创新型企业”“中国AAA级信用企业”等称号，产品获得“巩义市产品质量优质品牌”称号。公司在市场上有很高的知名度，产品北销黑龙江，南销福建，西销新疆，东销山东，每年还有一定量的出口业务。公司先后与上海宝钢德盛有限公司、重庆钢铁设计研究总院（现中冶赛迪）、鞍钢设计研究院、首钢设计院（现北京首钢国际工程技术有限公司）、包钢设计院等国内知名冶金设计院合作，为国内外200余座高炉提供优质产品和服务。

## 旅游业

近年来，河洛镇以发展全域旅游促进经济结构转型，确立了以旅游突破带动第三产业发展的发展思路，围绕招商引资、项目建设、营销宣传、配套完善等内容，狠抓工作落实，旅游产业发展态势良好。每逢节假日，河洛汇流、伏羲台、常香玉故居、偃月古城等景区游客络绎不绝。巩县石窟文化旅游区是巩义市“十三五”重点推进项目，重点打造偃月古城、休闲养生区、石窟文化公园、文化演艺中心等核心内容。规划总面积5000余亩，计划总投资58亿元，分三期建设。一期偃月古城于2016年4月开工建设，2017年10月1日投入运营，完成投资3.8亿元。开业至今，已举办各类演出800余场次，日均接待游客5000人次；入驻大中小商户共计280家，直接带动就业人数800余人，商户日均销售收入达400元。春节期间，偃月古城推出了“打铁花”表演、千年游春大型实景演出、舞林大会、百姓大舞台等特色民俗活动。

偃月古城之一

偃月古城之二

# 河洛文化

LOCAL RECORDS OF HELUO

河洛汇流　曹振普　摄

河洛文化是根植于河洛地区的一种地域性文化，即人类在黄河、洛河交汇处的内外夹角地带创造的物质文明、政治文明和精神文明。其时间跨度大，上限可追溯到传说中的五帝时期；分布范围广，涵盖了三门峡、洛阳、郑州、焦作、新乡等地，其中郑州区域内的河洛文化主要是指巩义境内的洛汭文化。经专家考证，河洛文化是中原文化圈的核心文化圈，是中华民族文化的摇篮和源头，可分为内夹角洲、外夹角洲和黄河北岸三个区，均是以洛汭文化为中心轴而形成的，因此，洛汭在河洛文化圈的位置非常重要，是河洛文化的腹心地区。

从地理环境看，洛汭是指位于巩义市境内神都山下的河洛交汇地带，从河洛镇洛口到神北 10 多平方千米，基本属于浅山丘陵地带。这里气候温润，四季分明，土地肥沃，物产丰富，适于人类繁衍生息。在此发现了十几万年前人类活动的遗迹，1 万多年前，定居在这里的先民就已掌握了农作物的栽培与种植技术，最先从事原始农业生产和生活，创造了灿烂的远古文化，为整个河洛文明的形成作出了突出的贡献。发展到中古时代，这里曾一度是政治、军事战略要地，也是水运的交通枢纽，洛口仓、洛口屯、洛口城、洛口驿都

神都山　曹振普　摄

先后出现在洛汭。历史文献中记载了许多关于中华民族的祖先在洛汭地带活动的事迹和传说，如伏羲画八卦、河图洛书、五子之歌、桑林祷雨等，从不同角度反映了先民在这里的活动情况和不同历史时期的经济生活。据载，洛汭地带是伏羲氏主要活动地域之一，相传伏羲氏“继天而王，受河图，则而画之，八卦是也”就在此处（《汉书·五行志》）。远古时期一些重大的历史事件也发生在这里，其中最令人瞩目的就是黄帝、尧、舜、禹、汤、周武王等在这里修坛沉璧，举行祭祀活动，授受河图洛书，从而成为中原大地年代最早、持续时间最长的祭天圣地。

通过考古发掘，洛汭地带密集分布着原始社会不同阶段的文化遗存，进入文明时代的夏、商、周以及秦、汉、唐、宋等不同时期的遗迹和遗物。由于洛汭地区山岳耸立，河流汇集，因此，还形成了水光山色、森林茂密、景色旖旎的自然风光，如雄浑壮阔的河洛汇流。

中华人民共和国成立后，各级政府加大了对历史文物的保护力度，但对景观的开发建设，尤其是自然景观开发的不够。20 世纪 90 年代后，启动了石窟寺安全技术示范工程，并加强基础设施建设，使珍贵的历史人文景观保护性和吸引力更强、规模更大，焕发出新的生机。90 年代后，先后成立了河洛文化研究所、中国河洛易经学院、河南省社会科学院杜甫研究所等学术研究机构，通过实地考察、召开学术会议、参加国际学术交流、发表学术论著等方式，围绕河洛文化的起源、发展、周易学、杜甫与河洛文化的关系等进行研究，取得了大量成果，为提高洛汭地区的知名度，促进洛汭文化所处的巩义市、郑州市乃至河南省的经济、社会、文化发展作出了贡献。

## 河洛文化研究

1993 年 10 月，由中华炎黄文化研究会、河南省炎黄文化研究会和巩义市人民政府共同主办的“炎黄文化与河洛文明国际学术研讨会”召开。来自国内外的历史、考古文化学者着重对中华炎黄文化与河洛文明的关系以及河洛文明的起源、内涵、演变、历史地位及其与周围其他文化的关系等问题进行了深入探讨。与会学者达成如下共识：

一、河洛文化以其天地居中的地理优势、河图洛书为代表的众多物质文化原创地的根源地位、三代之居、帝都之区的政治地位、八方辐辏的正统地位、悠久厚重的历史积淀、博大精深的文化内涵成为中华文化的母体和渊薮。闽台文化作为从河洛文化中分衍而促生的新的地域文化，从历史、语言、风俗、形式、宗教和民间信仰以至社会生活、物质文化的各个方面，都可以从河洛文化中找到渊源和根脉。因此，河洛文化与闽台文化是源同流、本与脉的关系。为了继承和弘扬中华文化的优秀传统，促进和增强海内外华人对中华文化的文化认同感、对中华民族的民族归属感，建设中华民族共有的精神家园，进一步增强中华民族的向心力和凝聚力，全面、深入地研究和宣传河洛文化与闽台文化，在今天有着特殊的现实意义，并显得尤为重要。

二、中华姓氏主要起源于先秦时期，而先秦时期河洛地区一直处于全国政治、经济、文化的中心地带，因而河南就成了中华姓氏的主要起源地。研究表明，约占全球华人 85% 以上的中华姓氏起源于河南。闽台一带先民主要是从河洛地区辗转迁徙而去的，对此，无论是史志文献还是家乘谱牒都有明确记载：中原汉人的南迁，河洛地区是出发地，光州、固始是集散地，闽赣粤地区是目的地。因而闽台地域的很多人和侨居海外的华人，至今还自称“河洛郎”，自豪地宣称“根在河洛”，河洛故土是自己先祖的血脉之壤。

三、从史前和有史以来直到北宋数千年间，河洛一带一直是中国政治、经济和文化的中心。河洛文化包括以裴李岗文化、仰韶文化、龙山文化为代表的原始文化。涵盖夏商周三代文明以及此后的老学、庄学、儒学、墨学、汉代经学、魏晋玄学、宋明理学与佛教文化等；河洛地区产生的河图洛书、周易八卦、文字、城市、青铜器等重要创制发明代表了先进的中华文明。此外，在夸父逐日、大禹治水，愚公移山、盘古开天辟地、女娲造人补天等神话传说中，已隐藏着中华民族精神起源的密码。博大精深的河洛文化根植于中原大地，源发于河洛故土，成了中华传统文化的核心。正是基于这一历史事实和科学认识，世人才由衷地赞叹，河洛一带是中华民族的文化之根。

四、黄河、洛水汇流处位于巩义市的“洛汭”，这里是传说中的“太极图”的发源地，黄帝修坛沉璧，受河图洛书；尧舜禅位举行大典；太康失国，其昆弟作《五子之歌》；成汤伐夏桀誓师等重大历史事件的发生地。河洛交汇处的“洛汭”神都山，可以视为河洛文化之源的标志地之一。

## 河图洛书传说

河图洛书传说主要是关于“河出图”“洛出书”等相关故事的民间传说体系，主要包括龙马负图的传说、神龟献洛书等内容。

河图洛书传说描绘了河图、洛书的由来：相传伏羲氏时期，黄河里浮出一匹龙马，它身上的旋毛变成“一六居下，二七居上，三八居左，四九居右，五十居中”的图形，这就是“河图”，伏羲氏依“河图”画出八卦，《周易》一书由此而来；大禹治水之时，洛河里浮出一只神龟，神龟的背上长有纹、圈、点，自列成组，这就是“洛书”，大禹对“洛书”进行阐释，依此治水成功，遂划天下为九州。此即《尚书》中的《洪范》篇。

河图洛书传说在河洛地区流传久远，先秦文学中也多有记载。《周易·系辞上》中就说：“河出图，洛出书，圣人则之。”，西汉孔安国、刘歆等也对“河图洛书”进行了阐释。南宋朱熹的《周易本义》则首次附上了“河图洛书”的图案。河图洛书传说被列入第二批河南省省级非物质文化遗产名录。

## 杜甫与河洛文化

杜甫从出生到 35 岁移家长安前，一直生活在河洛地区的巩县（今河南省巩义市）、洛阳和偃师。由于传统的“学而优则仕”的儒家教育的影响，在杜甫的思想中，儒家思想一直占主导地位。而在河洛文化中，儒学也一直是首要传统，儒家所谓的家族宗法思想、孔子所说的“天下归仁”和孟子所说的“仁政”“王道”，不仅是儒家追求的理想，也是河洛文化思想的核心。自东汉至隋唐，河洛地区儒学的传统一直续而未断，杜甫就是在儒学的家学渊源与河洛儒学传统的文化氛围中，接受儒家思想文化影响的，他的“致君尧舜上，再使风俗淳”（《奉赠韦左丞丈二十二韵》）的报国壮志，“穷年忧黎元，叹息肠内热”（《自京赴奉先县咏怀五百字》）、“每依北斗望京华”（《秋兴八首》其二）的忧国忧民情怀，就是儒学家学培育与河洛儒学文化传统影响的结果。

杜甫的诗歌家学渊源、河洛地区的现实主义诗学传统和河洛诗人对近体诗形成格律的探索与贡献，对杜甫现实主义写实风格的形成及其在近体诗所取得的卓越成就，起着重要的奠基与诗学文化氛围的熏陶作用。河洛家乡和河洛文化是杜甫诗歌的“源”和“本”。

杜甫故里杜甫像

# 香玉故里

LOCAL RECORDS OF HELUO

常香玉

常香玉（1923—2004年），原名张妙玲，河南巩义河洛镇南河渡村人，汉族，中共党员，著名豫剧表演艺术家。豫剧五大名旦之首，常派创始人，9岁随父张福仙学戏，10岁登台，13岁名满开封。抗日时期首演抗日时装戏。1938年在陕、甘演出，名声大振，获“豫剧皇后”之美誉。1948年在西安创办“香玉剧社”。1951年义演支援抗美援朝，捐献“香玉剧社号”飞机一架，被誉为“爱国艺人”。曾率团到朝鲜慰问演出175天，演出180场。曾受国务院委派到新疆、广西、黑龙江等地慰问演出。自筹资金设立“香玉艺术奖”。其代表作《花木兰》《拷红》《断桥》《大祭桩》《破洪州》《五世请缨》《人欢马叫》，久演不衰，为豫剧艺术殿堂增添了绚丽光彩。

新中国成立后，常香玉历任第一届至第七届全国人大代表、主席团成员、西北局妇女执行委员、西北文联委员、中国文联执行委员、中国戏剧家协会副主席。曾任河南省文联副主席、省戏剧家协会主席、河南豫剧院院长、省文化厅顾问。

## 常香玉故居

常香玉故居位于巩义市河洛镇南河渡村董沟。现存院落一处，保存完好，坐东向西，有窑洞4孔、平房3间，红砖院墙及大门，大门外有巩义市政府悬挂的“常香玉故居”匾牌，曾被郑州市委定为“爱国主义教育基地”。院落总占地约600平方米，大门前修有盘曲石阶、石坡，栽有松柏等常绿树木，坡下有古井一口，村口有纪念碑。

2005年5月，由巩义市人民政府立碑一通，上书“常香玉故居”，是我市一处重要的爱国艺人故居，它展示了老一辈艺术家的丰功伟绩，已成为一处重要的青少年爱国主义教育基地和共产党员先进性的教育基地。2009年6月，被列为第二批郑州市文物保护单位，2016年1月，被列为河南省第七批文物保护单位。

常香玉故居　曹振普　摄

# 香玉坝

1942 年，中原水灾、旱灾、蝗灾迭起，日、伪匪患肆虐，山河破碎，生灵涂炭。常香玉闻家乡洪水毁坝，筹粮鸠工，运石固堤。前后数月。坝成，乡土深受其惠，当地群众将南河渡这段石坝称“香玉坝”。后经多次修建加固，坝高 10 余米，长 80 余米，至今仍发挥作用。

香玉坝 曹振普 摄

# 家国情怀

常香玉在捐献的飞机前留影

1942年，常香玉将义演募捐（相当于当时800袋面粉）的钱，全部赠送给家乡用于修建堤坝。

1942年秋，常香玉到宝鸡义演，为河南灾民子弟就读的中州小学筹募基金。

1943年1月，常香玉在宝鸡为河南难民义演募捐。

1951年8月至1952年2月，香玉剧社全体演职员为抗美援朝义演募捐，共演出180场戏，义演收入全部捐出，购买战斗机1架。

1953年3月，常香玉带领香玉剧社跟随中国西北人民赴朝慰问文工团，参加抗美援朝慰问演出，任副团长；在朝鲜的180多天里，香玉剧社慰问演出200多场，常香玉还独自到只有1个志愿军战士的哨所慰问演出18场。

人民艺术家常香玉之一

人民艺术家常香玉之二

1976年，常香玉为唐山抗震义演募捐。

1987年，常香玉为大兴安岭火灾救灾义演募捐。

1990年，常香玉为北京亚运会义演募捐。

1991年，华东水灾，常香玉参加中央电视台举办的《风雨同舟·情暖人间》华东水灾赈灾义演大型晚会，为水灾地区群众义演募捐。

常香玉经典剧照

1998年，为唤起社会各界对下岗职工的关怀，75岁高龄的常香玉携弟子在河南义演，所得6万多元票房收入全部捐给“河南省送温暖工程基金”。

1998年，常香玉为长江抗洪义演募捐。

1999年，常香玉为“西部母亲”慷慨解囊。

2003年，常香玉在河南日报报业大厦为抗击“非典”捐款1万元。

2004年6月1日，常香玉去世。同年7月，国务院追授其“人民艺术家”荣誉称号。

2009年，当选100位新中国成立以来感动中国人物。

2019年9月，被中宣部追授为“最美奋斗者”荣誉称号。

## 艺术特色

常香玉是常派的创始人，有着丰富的音色、宽广的音域、纯净的音质、正确的运气方法、宏大的发声共鸣、精巧的吐字技术和娴熟的润腔手段，吐字清晰，表演细腻传神，规范精到，富有一种阳刚之气。

# 代表剧目

| 剧目名称 | 首演时间 | 饰演角色 | 备注 |
|---|---|---|---|
| 打土地 | 1938 年 2 月 5 日 | 青衣农妇 | 豫剧第一部现代戏 |
| 秦雪梅吊孝 | 1945 年 | 秦雪梅 | |
| 拷红 | 1945 年 | 红娘 | |
| 花木兰 | 1952 年 | 花木兰 | 第一届戏曲观摩汇演荣誉奖，后被拍成电影 |
| 桃花庵 | 1956 年 8 月 | 窦氏 | |
| 大祭桩 | 1956 年 | 黄桂英 | |
| 五世请缨 | 1957 年 12 月 12 日 | 佘太君 | |
| 破洪州 | 1959 年 | 穆桂英 | 参加河南省第二届戏曲观摩汇演 |
| 三哭殿 | 1959 年 12 月 1 日 | 银屏公主 | |
| 游龟山 | 1961 年 | 胡凤莲 | |
| 朝阳沟 | 1964 年 | 栓保娘 | 现代戏 |
| 李双双 | 1964 年 5 月 30 日 | 李双双 | 现代戏 |
| 人欢马叫 | 1965 年 6 月 9 日 | 吴大娘 | 后被拍摄为电影 |
| 红灯记 | 1974 年 10 月 9 日 | 李奶奶 | 现代戏 |
| 断桥 | 1980 年 4 月 9 日 | 白素贞 | |
| 柳河湾 | 1981 年 12 月 | 郭大脚 | |

# 巩县石窟

巩县石窟位于巩义市东北约 10 千米大力山下。窟前有寺，原名希玄寺，唐以后称净土寺、十方净土禅寺，俗称石窟寺。寺院创建于北魏孝文帝太和年间（477—499 年），现存唐塔 1 座，明代大钟 1 个，清代重修大雄宝殿 5 间和东西禅房。石窟始凿于北魏宣武帝景明年间（500—503 年），相继凿雕 400 多年。石窟坐北向南，现存 5 个洞窟，1 个千佛龛，摩崖大像 3 尊，摩崖造像龛 328 个，大小佛像 7743 尊，碑刻题记 186 篇。石窟中 18 幅“帝后礼佛图”为全国同类石窟中所仅有，它以高浮雕形式呈现出北魏王室礼佛的盛大场面，雕刻生动，形象逼真，堪称稀世珍品，其中第一窟最为精美。

石窟寺之一

石窟寺之二

石窟寺之三 张永 摄

石窟寺之四　曹振普　摄

各窟布局大同小异，除第五窟外，其余 4 窟都有中心方柱。窟顶刻平棋或藻井。窟内四壁除 1 窟、3 窟和 4 窟门内两侧刻“帝后礼佛图”外，其余均刻千佛龛及大佛龛，壁脚刻神王、怪兽和伎乐人等。石窟四壁刻千佛龛，中部凿大佛龛，周围整齐排列小型佛龛。所雕大佛龛均雕一佛二菩萨二弟子，所刻飞天、神王、怪兽，形态各异。伎乐人演奏乐器有琵琶、箜篌、横笛、法螺、排箫、阮咸、羯鼓、箫、琴、竽、磬、鼓 12 种。

5 个窟以东有千佛龛，系唐乾封年间（666—668 年）所凿，又称“千佛洞”，实为 1 个大笼龛。高 1.5 米，宽 2.12 米，后壁平直，除中间刻一较大的坐佛和题记外，后壁和两侧壁雕刻排列整齐的小佛龛，共计 999 尊，加上中间坐佛，恰为千尊。

第一窟外西侧 60 米山体上有一孔小窑洞，窑洞壁为石质，清晰地刻着几幅简单的线条画。刻画中有一只朱雀昂首伫立，鼓腹翘尾，展翅欲飞，头上戴一立冠。朱雀下一只五头鸟，形如乌鸦，没有明显的鸟身和尾巴，如同一支五瓣花朵。另有一幅三尾鱼，中心呈三角形，是三尾鱼共有的头和目。这些岩画刻工简练、线条流畅。岩画上方题有文字，字体苍劲，隶书略有篆意。从字体、内容看，应为东汉末年作品，“诗说七言甚无忘，多负官钱石上作。掾吏高迁二千石，掾吏为吏甚有宽，兰台令史于常侍，明月之珠玉玑珥，子孙万代尽作吏。”

石窟寺之五　曹振普　摄

石窟寺之六　曹振普　摄

帝后礼佛图

飞天之一

飞天之二　曹振普　摄

千佛龛　曹振普　摄

唐塔　曹振普　摄

古腊梅　曹振普　摄

石窟晚钟　白晓红　摄

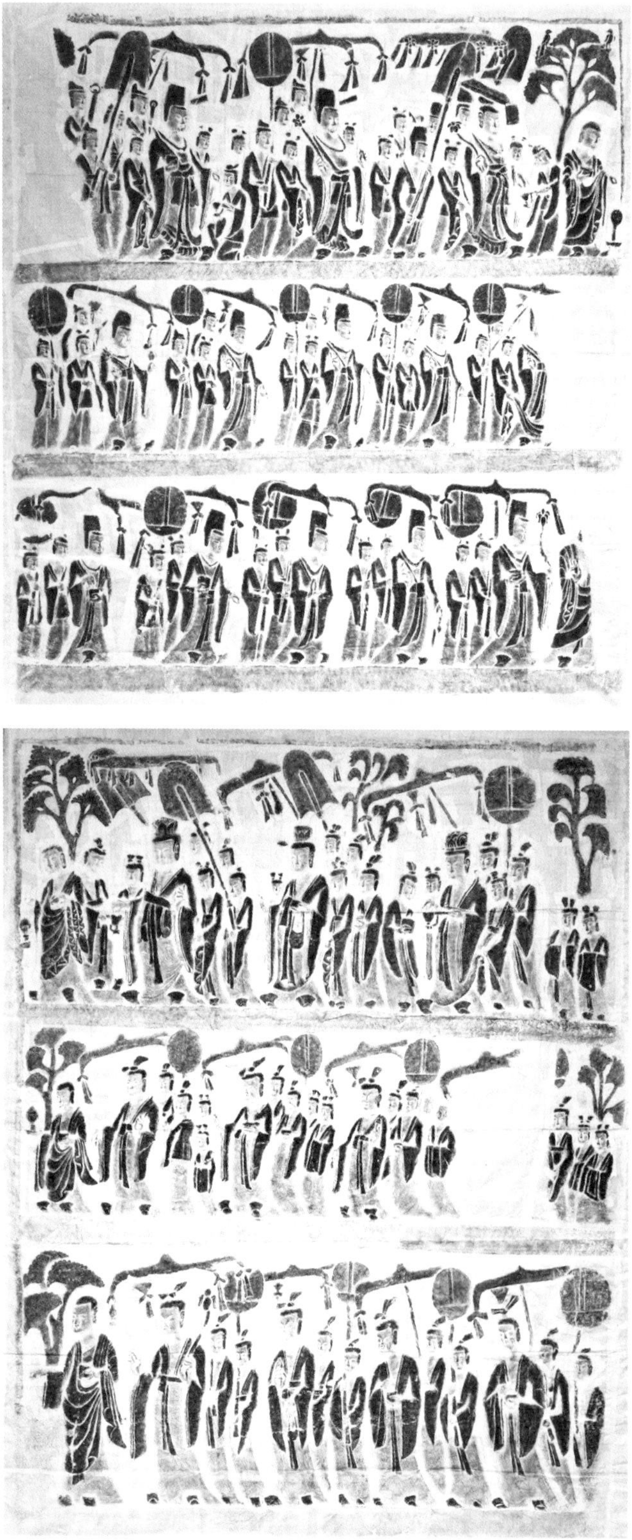

佛国墨影之一　李仁清　拓

佛国墨影之二 李仁清 拓

佛国墨影之三　李仁清　拓

# 文物胜迹

LOCAL RECORDS OF HELUO

# 刘镇华庄园

刘镇华庄园位于巩义市东北的河洛镇神北村。庄园坐北面南，背靠神都山，前临洛河，山清水秀，风景秀丽。庄园占地1万余平方米，有6个院落，200余间楼房，20余孔窑洞。主宅区建在半山腰，寨墙高筑，有制高守险之势，分为上、下两部分。住宅区南侧为刘家花园，建有“仿重庆大厦”一座，青砖砌墙，小瓦覆顶，西式门窗，是一座中西结合、恢宏壮丽的建筑。距主宅区东南200米处是刘氏祠堂，为刘镇华1933年任陕西督军时所建，现存楼房48间。东为马厩房，现存瓦房14间。该庄园建筑保存基本完好，规模宏大，具有西方和东方民族建筑相结合的特点，对研究我国近、现代史和建筑史有一定的价值。1987年3月，被郑州市人民政府列为郑州市文物保护单位；2000年9月25日，被河南省人民政府列为第三批河南省文物保护单位；2013年3月，被国务院列为第七批全国重点文物保护单位。

刘镇华庄园之一 曹振普 摄

刘镇华庄园之二　曹振普　摄

刘镇华庄园之三　曹振普　摄

刘镇华庄园之四　曹振普　摄

# 洪沟遗址

洪沟遗址位于巩义市河洛镇神南村，距今约 11 万年。1994 年发现该遗址，1994 年和 1996 年曾两次试掘，发掘面积约 45 平方米，现已建造保护房就地保护。从该遗址发掘出土石器 550 件，其中石片和尖状器 231 件，石核和砍砸器 46 件。出土动物化石多数为纳玛象，其次是赤鹿、羚羊，还有少量斑鹿、猪和小型偶蹄目动物及蜗牛等。动物化石虽然数量很多，但堆积杂乱，未见较完整的动物遗骸。2000 年 9 月 25 日，被河南省人民政府列为河南省第三批文物保护单位。

洪沟遗址　曹振普　摄

# 伏羲台遗址

伏羲台遗址位于巩义市河洛镇洛口村。地处黄河与洛河交汇处，高出河岸 80 米的台地上。据传伏羲曾在此日观河洛，夜观天象，创制了八卦，因此命名为“伏羲台遗址”。1992 年 5 月，经有关专家实地考察，认定此处为古代祭祀场地。现存遗址略呈椭圆形，南北长约 300 米，东西宽约 200 米，面积约 6 万平方米，发现有台基基址和房基、灰坑。采集有陶器残片、石器、骨器等。根据文化内涵，遗址可分为四期，一期为仰韶文化中期遗存，二期为仰韶文化晚期遗存，三期为河南龙山文化早期遗存，四期为周代遗存。该遗址面积大，内涵丰富，地层叠压关系明显，延续时间长，对探讨我国古老的物质文明与华夏文明在洛汭地带的发展变化具有重要意义。1987 年 3 月 1 日，被郑州市人民政府列为郑州市文物保护单位；2008 年 6 月 16 日，被河南省人民政府列为河南省第五批文物保护单位。

伏羲台　曹振普　摄

# 兴佛寺

兴佛寺位于河洛镇七里铺村的莲花山上。据碑刻记载，该寺院创建于明崇祯十年（1638年），原有山门、前殿、钟鼓二楼、东西配殿和大雄宝殿等，后屡次重修，历经数百年，香火不断。现仅存大雄宝殿一座，无梁檩，群众俗称为“无梁殿”。寺院全用青砖砌券，屋顶覆盖蓝色筒瓦，封山裹檐，檐下施七架水磨砖雕斗拱，间有牡丹、卷草等花纹。殿内供三世佛3尊，门两侧及东西两壁供罗汉坐像18尊，三世佛施金装，基座、背光和十八罗汉均系明代彩（泥）塑。佛通高3.1米，皆结跏趺坐于须弥座上。佛背光通高3.3米，椭圆形，上宽下窄，以竹、木、铁丝做骨架，是河南省少有的艺术珍品，对研究宗教艺术和雕塑艺术具有一定价值。1987年3月1日，被郑州市政府列为郑州市重点文物保护单位；2008年6月16日，被河南省人民政府列为河南省第五批文物保护单位。

兴佛寺　曹振普　摄

兴佛寺罗汉坐像 曹振普 摄

# 滩小关遗址

滩小关遗址位于巩义市河洛镇滩小关村委西南200米。1991年修连霍高速公路时，河南省文物考古研究所在蓄水池南中心部位进行了抢救性发掘。1992年河南省社会科学院河洛文化研究所和巩义市文物保护管理所对洛汭地带进行调查，此后巩义市文物保护管理所进行多次调查，其中出土于仰韶时期文化遗存中的牙雕蚕，目前是我国，也是世界上发现的时代最早的一件高度写实风格的家蚕雕刻艺术品。牙雕蚕造型的出现，反映出当时先民已经熟悉蚕的生长习性，高度关注并已识别蚕吐丝的状态，可能已掌握养蚕技术，甚至那时的人类已经开始研究丝织品，这为探索中国丝绸起源提供了极为珍贵的实物例证。2009年6月，被列为第二批郑州市文物保护单位；2016年1月22日，被列为河南省第七批文物保护单位。

# 双槐树遗址

巩义双槐树遗址位于黄河南岸以南2千米、伊洛河东4千米，巩义市河洛镇双槐树村村南的高台地上，处于河洛文化中心区。该区域地处黄土高原东部边缘区域，顶部平坦，地貌类型属黄土丘陵，以第四纪黄土沉积物为主，地貌单元相对破碎，沟谷深切，分布较密。

双槐树遗址

2005年，考古人员在对双槐树村村南的高台地进行调查时，发现有丰富的仰韶文化遗存。为从考古科研方面呼应国家“一带一路”战略，2013年10月，郑州市文物考古研究院分别联合中国社会科学院考古研究所、中国丝绸博物馆、巩义市文物旅游局共同开展“寻找中国丝绸之源——郑州地区仰韶时代中晚期考古学文化面貌与文明起源问题研究”考古发掘项目。2013年底至2018年9月，经过近五5年的持续工作，遗址勘探面积达100多万平方米，共计发现环壕3条，墓葬1600余座、灰坑800余处、房基60余座、窑址4处13座、祭祀类灰坑13处及1处大型活动面等，并出土了一大批文物标本，对于深刻认识洛汭地区仰韶时期文化面貌及其在华夏文明起源过程中的作用具有重要价值。

巩义市双槐树遗址是目前郑州地区发现的仰韶文化中晚期遗存中面积最大的聚落遗址，发现的三重环壕是仰韶时期迄今发现的最大最深的防御设施。双槐树遗址大型夯土基址的发现，为研究仰韶文化中晚期建筑布局结构提供了新材料。该夯土基址采用的方块板筑建造法为后来建造大型建筑提供了新的方法和理念。该基址的发现，为研究仰韶文化中晚期的文化面貌和社会组织形态提供了更为翔实的实物资料，进一步丰富了研究中原文明进程化的内容。

双槐树遗址——骨雕　郑州市文物考古研究院提供

双槐树遗址出土陶器

# 庄岭遗址

庄岭遗址位于巩义市河洛镇英峪村庄岭。遗址位于黄河南岸一块台地上，东西宽60~150米，南北长约2000米，断崖，地面上随处可见遗址遗物。从遗址遗物看，属裴李岗至龙山早期遗存，周围有滩小关、伏羲台、洛口仓、双槐树、花地咀等新石器遗址，对研究黄河南岸新石器时代遗址具有一定价值。2008年11月，巩义市文物局进行全国第三次文物普查时发现该遗址。2009年6月，被列为第二批郑州市文物保护单位。

# 洛口仓遗址

洛口仓遗址位于河洛镇七里铺村东原上。据史籍记载，在洛口南原上设置粮仓始于秦代，当时称“敖仓”。秦代敖仓一直沿用到两汉和南北朝。随着当时河洛漕运的发展，粮仓规模不断扩大，北齐在粮仓东西两侧建造两座仓城。洛口仓建于开皇十六年(596年)，“周回二十里，穿三千窖，窖容八千石，亦曰兴洛仓”（《读史方舆纪要》），洛口仓成为隋代三大粮仓之一。隋大业十三年（617年）二月，瓦岗军李密、翟让等率部攻占洛口仓，并在此建立大魏政权。唐代沿用隋“洛口仓”旧址，仍称“洛口仓”。隋代是洛口仓的鼎盛时期，唐中叶开始衰落，到唐末即行废弃。该遗址现存有城墙遗迹，仓城

洛口仓遗址之一　王向阳　摄

洛口仓遗址之二　曹振普　摄

东台地南北走向城墙一段，长 182 米，最高处 4.5 米，宽 10.5 米，距地面 3.5 米处可见夯土层，在平整土地时城墙遭破坏，中部打有一洞，当地群众称之为“将军城”。1963 年 8 月 15 日，被巩县人民政府列为县级文物保护单位；2009 年 6 月，被列为第二批郑州市文物保护单位。

## 牛状元府

牛状元府是有“父子两状元”之称的牛凤山庄园，位于官殿村。牛凤山，道光癸巳科武状元，贻封昭武都尉，曾封头等侍卫副将衔，赏戴花翎，陕西陕安镇中营游击等职。英国侵略中国时，他随仲兄从戎江浙。道光末年，曾从琦善“攻剿番逆”，“未几粤匪扰豫”，牛凤山归还故里。牛凤山之子牛瑄于咸丰八年（1858 年）中乡举，同治乙丑（1865 年）中进士，名重于一时，他工于楷书，结构严谨，秀丽端庄，中原一带多留有墨迹。该庄园坐北向南，以中院为主，一字排开，从东往西为东院、中院、西院，犹如大鹏展翅，总面积约 2400 平方米。现幸存有古槐（护府槐）一株，树冠 150 平方米，树高 15 米，树龄约 500 年。在村口道路上还竖有一通清咸丰五年（1855 年）立的“赐武进士及弟牛公义行碑”，

牛状元府 曹振普 摄

记载了牛凤山的功绩。距牛状元府300米明月坡东有“牛氏祠堂”，现仅存3孔石砌窑洞。中间窑门楣正中楷书“祖德堂”，右书“清同治四年（1865年）乙丑孟春建”，左书“癸巳状元牛凤山识”。窑内现存石碑6通，其中光绪三年（1877年）所立的“创建祖德堂小宗祠记”详细记载了牛氏家族的分布繁衍、发展情况及创建祠堂的原因。另有“中华民国十七年儒医兰圃牛老先生印□劳懿行”碑“大清同治四年父文状传子武元胪”碑及“汜邑牛氏分锅始祖考廪生讳楷字圣儒府君妣邵、郝孺人神位”碑。该建筑具有典型的地方民居建筑特点，建筑宏伟，保存较好，内涵丰富，具有一定的历史、文化、艺术价值。2009年6月，被列为第二批郑州市文物保护单位。

## 神北大王庙

神北大王庙位于巩义市河洛镇神北村村北500米，该庙坐北朝南，面积2000平方米，山门尚存，灰瓦门楼，门侧有一舞楼，高大巍峨。两边庑殿已拆除。正殿尚存，宽5间，进深3间，歇山顶，灰瓦上加筒瓦，脊上饰龙吻和小兽。殿前有一卷棚，雕饰华丽，色彩鲜艳。该建筑具有典型的清代庙宇建筑特点，保存基本完好，具有一定的历史、文化、研

神北大王庙 曹振普 摄

究价值。2009 年 6 月，被列为第二批郑州市文物保护单位。

## 王小六民居

王小六民居位于七里铺村大沟 65 号，当地百姓称为“邵家院”。该宅院坐北向南，东西长 22.1 米，南北宽 47.1 米，占地面积 1040.91 平方米，为二进式院落。现存窑洞 5 孔，楼房一座，大门楼一座。窑洞，系青砖、红石表券山脸，高 30 余米，窑洞大部分青砖券顶，仅个别为土窑洞，深 8~12 米，分上、下层，下层 3 孔。窑洞门楣装饰文字、图案。窑脸以花卉、云纹、几何纹、蝙蝠等寓意吉祥、富贵的图案装饰，并用砖磨刻出字迹，具有典型的地方性特征。上层 2 孔，为晒台窑。西楼，东西宽 6.75 米，南北长 11.9 米，高约 9 米，该楼解放后尚未完全建成，硬山式砖木结构，小灰瓦盖顶，前出廊，博风板雕花卉、龙首，龙首雕刻较细腻。门楼，东西宽 3 米，南北厚 2.85 米，高约 7 米，双坡顶，小灰瓦脊饰缠枝花卉，椽上墨书“中华民国二十年七月”，墀头为台座式，装饰浮雕折枝花卉、竹节、菱格、波折线等图案。该民居的发现对研究当时的社会情况及民居特点提供了一个可靠的实物依据。2009 年 6 月，被列为第二批郑州市文物保护单位。

王小六民居 曹振普 摄

## 周氏民居

周氏民居位于河洛镇七里铺村。周氏民居是清中、晚期周更仁修建的宅院。周更仁，巩县七里铺人，在开封地区经营货栈、旅舍、煤厂等，发家后在老家营建宅院。现存三部分，包括孙保国宅院、孙保宽宅院、周氏宅院。孙保国宅院坐北向南，东西 10.77 米，南北 21.7 米，现存上房楼、倒座、西厢房、平房、照壁各一座，东侧窑洞 2 孔。孙保宽宅院坐南面北，东西宽 20.4 米，南北长 33.4 米，现存 14 孔窑洞，1 处倒座。周氏宅院坐北面南，东西宽 10.7 米，南北长 14 米，占地面积 150 平方米，现存倒座、西厢房、窑洞 1 孔。该建筑整体保存较为完整，山花保存清晰完好，能够反映出民国时期当地传统民居建筑的特点。2009 年 6 月，被列为第二批郑州市文物保护单位。

## 孟氏石坊

孟氏石坊位于巩义市河洛镇石板沟村南，该石牌坊是清道光三十年（1850 年）为儒童白锡璧妻孟氏节孝奉旨而建。现保存基本完好，面积 27 平方米。坐北面南，四柱三间三楼式石坊。石坊长 6.3 米，宽 1.2 米，现高出地面 4.2 米。庑殿顶，额坊下设栏板，檐下楼瓦雕刻有“万”和太极图，还有八仙庆寿、二十四孝图、双龙戏珠、课读图、花卉等，背面刻“双龙沐狮”“龙凤呈祥”卷草花卉等图案。民国十八年《巩县志》载：“孟氏，石板沟白锡璧妻。年二十二夫亡，抚孤统阳成立。咸丰某年旌表。”该石坊结构严谨，造型古朴，雕刻精美，保存较好，对研究当时民俗、雕刻艺术均有一定价值。2009 年 6 月，被列为第二批郑州市文物保护单位。

## 康氏石坊

康氏石坊位于巩义市河洛镇石板沟村南，该石牌坊是清光绪十年（1884 年）为旌表石板沟白锡瑞继室康氏而建。现保存基本完好，面积 40 平方米。青石雕刻，坐东面西，是一座 3 间 4 楼式牌坊。高 5.5 米，宽 5.5 米。两次间宽 1.08 米，基座高 0.90 米。出檐，雕斗拱，朴间雕太极图，檐下正中悬有“圣旨”二字，栏板上雕刻二十四孝图、二龙戏珠、八仙等图案。民国十八年《巩县志》载：“康氏，石板沟白锡瑞继室。翁卒。夫病不起，嘱氏以养老抚孤。氏遵遗嘱，苦节四十余载歿。光绪年间旌表。”该石坊结构严谨，造型古朴，雕刻精细，保存较好，具有一定的艺术价值和历史价值。1990 年 2 月 1 日，被列为巩义市第一批文物保护单位；2009 年 6 月，被列为第二批郑州市文物保护单位。

## 抗日名将吉鸿昌“天堑飞渡”纪念碑旧址

抗日名将吉鸿昌“天堑飞渡”纪念碑旧址位于巩义市河洛镇寺湾村黄沙峪渡河处，“天堑飞渡”纪念碑是吉鸿昌将军 1927 年飞渡黄河击败奉系军阀汤玉麟部凯旋归来时树立的纪念碑。吉鸿昌，著名爱国抗日名将，河南省扶沟人，1895 年生，1913 年入冯玉祥部，因骁勇善战、屡建战功，从士兵递升至军长。后因对围剿红军态度消极，1931 年 8 月，被蒋介石解除兵权，强令其携家眷出国考察。1932 年 1 月，吉鸿昌回国，联络发动旧部为抗日奔走呼号，并变卖家产购买枪械组织武装抗日。同年深秋在北平加入中国共产党。1934 年 11 月 24 日，蒋介石下令将其杀害，时年 39 岁，临刑前写下气吞山河的就义诗“恨不抗日死，留作今日羞，国破尚如此，我何惜此头”。该碑现已断为两段，一段存于十方院，另一段存于扶沟县。2007 年 12 月，被列为第二批巩义市文物保护单位。

## 河洛镇文物遗迹一览表

（国家级 2 处，省级 5 处，郑州市级 8 处，巩义市级 2 处，未定级 72 处）

| 序号 | 名 称 | 时 代 | 类 别 | 地 址 | 保护级别 | 公布时间 | 备 注 |
|---|---|---|---|---|---|---|---|
| 1 | 巩县石窟 | 北魏 | 石窟寺及石刻 | 巩义市河洛镇寺湾村 | 国家级 | 1982 年 2 月 国务院第二批 | |
| 2 | 刘镇华庄园 | 民国 | 近现代民居 | 巩义市河洛镇神北村村委西 100 米 | 国家级 | 2013 年 3 月 国务院第七批 | |
| 3 | 洪沟遗址 | 旧石器时代 | 古遗址 | 巩义市河洛镇神南村村委北 500 米 | 省级 | 2000 年 9 月 河南省第三批 | |
| 4 | 伏羲台遗址 | 新石器时代 | 古遗址 | 巩义市河洛镇洛口村东 500 米 | 省级 | 2008 年 6 月 河南省第五批 | |

续表

| 序号 | 名称 | 时代 | 类别 | 地址 | 保护级别 | 公布时间 | 备注 |
|---|---|---|---|---|---|---|---|
| 5 | 兴佛寺 | 明 | 古建筑 | 巩义市河洛镇七里铺村村委东北1000米 | 省级 | 2008年6月河南省第五批 | |
| 6 | 滩小关遗址 | 新石器时代 | 古遗址 | 巩义市河洛镇滩小关村村委西南200米 | 省级 | 2016年1月河南省第七批 | |
| 7 | 常香玉故居 | 民国 | 近现代民居 | 巩义市河洛镇南河渡村董沟 | 省级 | 2016年1月河南省第七批 | |
| 8 | 庄岭遗址 | 新石器时代 | 古遗址 | 巩义市河洛镇英峪村庄岭 | 郑州市级 | 2009年6月郑州市第二批 | |
| 9 | 洛口仓遗址（含汉将军城） | 隋、唐 | 古遗址 | 巩义市河洛镇七里铺村村委东200米 | 郑州市级 | 2009年6月郑州市第二批 | |
| 10 | 牛状元府 | 清 | 古建筑 | 巩义市河洛镇官殿村1组村委会东3000米 | 郑州市级 | 2009年6月郑州市第二批 | |
| 11 | 神北大王庙 | 清 | 古建筑 | 巩义市河洛镇神北村 | 郑州市级 | 2009年6月郑州市第二批 | |
| 12 | 王小六民居 | 1931年 | 近现代民居 | 巩义市河洛镇七里铺村大沟65号院 | 郑州市级 | 2009年6月郑州市第二批 | |
| 13 | 周氏民居 | 民国 | 近现代民居 | 巩义市河洛镇七里铺村 | 郑州市级 | 2009年6月郑州市第二批 | |
| 14 | 孟氏石坊 | 清 | 古建筑 | 巩义市河洛镇石板沟村 | 郑州市级 | 2009年6月郑州市第二批 | |
| 15 | 康氏石坊 | 清 | 古建筑 | 巩义市河洛镇石板沟村南200米 | 郑州市级 | 2009年6月郑州市第二批 | |
| 16 | 抗日名将吉鸿昌“天堑飞渡”纪念碑旧址 | 1927年 | 近现代旧址 | 巩义市河洛镇寺湾村黄沙峪 | 巩义市级 | 2007年12月巩义市第二批 | |
| 17 | 三元寨碑 | 清 | 石刻 | 巩义市河洛镇南河渡村委西100米 | 巩义市级 | 1963年8月巩义市第一批 | |
| 18 | 仁存沟化石点 | 旧石器时代 | 古遗址 | 巩义市河洛镇仁存沟村口南 | | | |
| 19 | 刘家窑头遗址 | 新石器时代、夏、商 | 古遗址 | 巩义市河洛镇神北村刘镇华庄园北侧 | | | |
| 20 | 双槐树遗址 | 新石器时代 | 古遗址 | 巩义市河洛镇双槐树村北岭 | | | |

续表

| 序号 | 名称 | 时代 | 类别 | 地址 | 保护级别 | 公布时间 | 备注 |
|---|---|---|---|---|---|---|---|
| 21 | 董沟遗址 | 新石器时代 | 古遗址 | 巩义市河洛镇南河渡村村委东北1500米 | | | |
| 22 | 官殿遗址 | 商、周 | 古遗址 | 巩义市河洛镇官殿村村委东300米 | | | |
| 23 | 双槐树烽火台 | 东汉 | 古遗址 | 巩义市河洛镇双槐树村1组 | | | |
| 24 | 七里铺墓群 | 汉 | 古墓葬 | 巩义市河洛镇七里铺村大沟东 | | | |
| 25 | 洛口城址 | 隋、唐 | 古遗址 | 巩义市河洛镇洛口村村委北400米 | | | |
| 26 | 太平岗寺院遗址 | 宋 | 古遗址 | 巩义市河洛镇洛口村1组 | | | |
| 27 | 伏羲祠遗址 | 明 | 古遗址 | 巩义市河洛镇洛口村东500米 | | | |
| 28 | 三元寨遗址 | 清 | 古遗址 | 巩义市河洛镇南河渡村村委西100米 | | | |
| 29 | 洛口古洛汭寨门遗址 | 清 | 古遗址 | 巩义市河洛镇洛口村洛口小学北50米 | | | |
| 30 | 官殿慈禧行宫遗址 | 清 | 古遗址 | 巩义市河洛镇官殿村东350米 | | | |
| 31 | 官殿凤翅城遗址 | 清 | 古遗址 | 巩义市河洛镇官殿村 | | | |
| 32 | 七里铺忠心寨遗址 | 清 | 古遗址 | 巩义市河洛镇七里铺村将城岭塬上 | | | |
| 33 | 石关白万珠宅院 | 清 | 古建筑 | 巩义市河洛镇石关村里沟11组 | | | |
| 34 | 康沟康家祠堂 | 清 | 古建筑 | 巩义市河洛镇康沟村孝神路东侧 | | | |
| 35 | 薄沟薄氏宅院 | 清 | 古建筑 | 巩义市河洛镇南河渡村村委西北500米 | | | |
| 36 | 石板沟火神庙 | 清 | 古建筑 | 巩义市河洛镇石板沟村8组 | | | |
| 37 | 石板沟观音堂 | 清 | 古建筑 | 巩义市河洛镇石板沟村1组 | | | |
| 38 | 张仲佑故居 | 清 | 古建筑 | 巩义市河洛镇寺湾村 | | | |

续表

| 序号 | 名称 | 时代 | 类别 | 地址 | 保护级别 | 公布时间 | 备注 |
|---|---|---|---|---|---|---|---|
| 39 | 洛口曹氏祠堂 | 清 | 古建筑 | 巩义市河洛镇洛口村洛口小学院内 | | | |
| 40 | 七里铺玉仙圣母庙 | 清 | 古建筑 | 巩义市河洛镇七里铺村大沟口 | | | |
| 41 | 七里铺曹家祠堂 | 清 | 古建筑 | 巩义市河洛镇七里铺村大沟口 | | | |
| 42 | 七里铺王家祠堂 | 清 | 古建筑 | 巩义市河洛镇七里铺村村委东 50 米 | | | |
| 43 | 七里铺雷家祠堂 | 清 | 古建筑 | 巩义市河洛镇七里铺村大沟口 | | | |
| 44 | 七里铺七星庙 | 清 | 古建筑 | 巩义市河洛镇七里铺村 | | | |
| 45 | 七里铺雷万民宅院 | 清 | 古建筑 | 巩义市河洛镇七里铺村 | | | |
| 46 | 双槐树王建准宅院 | 清 | 古建筑 | 巩义市河洛镇双槐树村 3 组 | | | |
| 47 | 王寺院张之东宅院 | 清 | 古建筑 | 巩义市河洛镇沙峪沟村王寺院东沿 29 号 | | | |
| 48 | 王寺院张春贯宅院 | 清 | 古建筑 | 巩义市河洛镇沙峪沟村王寺院东沿 27 号 | | | |
| 49 | 王寺院古寨门 | 清 | 古遗址 | 巩义市河洛镇沙峪沟村王寺院东沿桥头 | | | |
| 50 | 王寺院赵长庆古门楼 | 清 | 古建筑 | 巩义市河洛镇沙峪沟村王寺院东沿 | | | |
| 51 | 王寺院张耀之宅院 | 清 | 古建筑 | 巩义市河洛镇沙峪沟村王寺院东沿 | | | |
| 52 | 王寺院古井 | 清 | 古建筑 | 巩义市河洛镇沙峪沟村王寺院东沿 | | | |
| 53 | 沙峪沟张氏祠堂 | 清 | 古建筑 | 巩义市河洛镇沙峪沟村村委南 100 米 | | | |
| 54 | 明月坡改换地名碑 | 清 | 石刻 | 巩义市河洛镇官殿村半坡处 | | | |
| 55 | 洛口古窑 | 待定 | 古建筑 | 巩义市河洛镇洛口村洛口小学西南 | | | |

续表

| 序号 | 名称 | 时代 | 类别 | 地址 | 保护级别 | 公布时间 | 备注 |
|---|---|---|---|---|---|---|---|
| 56 | 仁存沟古道路遗址 | 待定 | 古遗址 | 巩义市河洛镇仁存沟村于沟 | | | |
| 57 | 大路沟古道 | 待定 | 古遗址 | 巩义市河洛镇金口村 | | | |
| 58 | 寺沟古洞 | 待定 | 古遗址 | 巩义市河洛镇七里铺村寺沟莲花山脚下 | | | |
| 59 | 神北宋家院 | 民国 | 近现代 | 巩义市河洛镇神北村庄园街 | | | |
| 60 | 马晓天旧居 | 民国 | 近现代 | 巩义市河洛镇神南村3组马疙瘩 | | | |
| 61 | 古桥白桐本故居 | 1920年 | 近现代 | 巩义市河洛镇古桥村2组古桥庄 | | | |
| 62 | 南河渡薄家祠堂 | 1934年 | 近现代 | 巩义市河洛镇南河渡村村委院内 | | | |
| 63 | 古桥白氏宅院 | 民国 | 近现代 | 巩义市河洛镇古桥村古蔡街 | | | |
| 64 | 石关白本朋宅院 | 民国 | 近现代 | 巩义市河洛镇石关村新庄自然村 | | | |
| 65 | 官殿炮楼群 | 民国 | 近现代 | 巩义市河洛镇官殿村村委东1000米 | | | |
| 66 | 神北刘德钦宅院 | 民国 | 近现代 | 巩义市河洛镇神北村庄园街 | | | |
| 67 | 石关白治安宅院 | 民国 | 近现代 | 巩义市河洛镇石关村里沟11组 | | | |
| 68 | 神南刘明道宅院 | 民国 | 近现代 | 巩义市河洛镇神南村4组马疙瘩 | | | |
| 69 | 仁存沟任连魁宅院 | 民国 | 近现代 | 巩义市河洛镇仁存沟村3组 | | | |
| 70 | 洛口曹公如窑洞 | 民国 | 近现代 | 巩义市河洛镇洛口村3组 | | | |
| 71 | 洛口碉堡 | 民国 | 近现代 | 巩义市河洛镇洛口村村委东500米 | | | |
| 72 | 洛口大王庙 | 民国 | 近现代 | 巩义市河洛镇洛口村洛口小学西北150米 | | | |
| 73 | 南河渡香玉坝 | 民国 | 近现代 | 巩义市河洛镇南河渡村西南300米 | | | |

续表

| 序号 | 名称 | 时代 | 类别 | 地址 | 保护级别 | 公布时间 | 备注 |
|---|---|---|---|---|---|---|---|
| 74 | 窑顶张良松宅院 | 民国 | 近现代 | 巩义市河洛镇沙峪沟村窑顶自然村 | | | |
| 75 | 沙峪沟公社备战窑 | 20世纪50年代 | 近现代 | 巩义市河洛镇沙峪沟村备战窑自然村 | | | |
| 76 | 七里铺七英局一级站 | 1975年 | 近现代 | 巩义市河洛镇七里铺村马疙瘩 | | | |
| 77 | 七里铺荣连生宅院 | 民国 | 近现代 | 巩义市河洛镇七里铺村荣家顶后坡3号 | | | |
| 78 | 七里铺黄河古堤 | 民国 | 近现代 | 巩义市河洛镇七里铺村马疙瘩 | | | |
| 79 | 曹沟吴学宅院 | 民国 | 近现代 | 巩义市河洛镇七里铺村曹沟32号 | | | |
| 80 | 双槐树大王庙 | 民国 | 近现代 | 巩义市河洛镇双槐树村村委西100米 | | | |
| 81 | 双槐树王保业宅院 | 民国 | 近现代 | 巩义市河洛镇双槐树村3组 | | | |
| 82 | 曹沟俱乐部旧址 | 民国 | 近现代 | 巩义市河洛镇七里铺村曹沟自然村 | | | |
| 83 | 曹沟张殿臣旧居 | 民国 | 近现代 | 巩义市河洛镇七里铺村曹沟55号 | | | |
| 84 | 沙峪沟赵宝红民居 | 民国 | 近现代 | 巩义市河洛镇沙峪沟村3组 | | | |
| 85 | 沙峪沟荣铁栓民居 | 民国 | 近现代 | 巩义市河洛镇沙峪沟村3组 | | | |
| 86 | 滩小关王森宅院 | 民国 | 近现代 | 巩义市河洛镇滩小关村上沟14号 | | | |
| 87 | 窑顶张志勇宅院 | 民国 | 近现代 | 巩义市河洛镇沙峪沟村窑顶自然村 | | | |
| 88 | 七里铺电灌站 | 1960年 | 近现代 | 巩义市河洛镇七里铺村马疙瘩 | | | |
| 89 | 巩县大长湾电灌站 | 1974年 | 近现代 | 巩义市河洛镇仁存沟村村委西北约500米 | | | |

# 风土民情

LOCAL RECORDS OF HELUO

# 美食小吃

## 冰糖肘子

相传慈禧太后回京时，石关武举白七虎为慈禧回京修建房屋，带厨师做一道菜“冰糖肘子”，香甜可口，肥而不腻，软而不烂，当时被巩县县衙称为佳肴，准备献给慈禧，结果慈禧未走水路，没有献给慈禧，但留传民间百余年。

## 伊洛鲤鱼

伊洛鲤鱼，生于天然，大者体长可达 1 米以上，重数十斤。其形美观，遍体黄亮似玉，尾红如血，鳞稀而大，刺粗而少。北魏杨衒之《洛阳伽蓝记》卷三记载：“洛水上南北两岸，门巷修整，闾阖填列。别立市于洛水南，号曰四通市。伊洛之鱼，多于此卖。士民须脍，皆诣取之，鱼味甚美。”《续资治通鉴》记载，宋景德四年（1007 年），真宗皇帝来巩祭拜宋陵时，曾有官员进献鲤鱼。

伊洛鲤鱼肉嫩质细、营养丰富，做法多样，以一鱼两吃（红烧、油炸鱼块）最为经典。

## 炒饸饹

饸饹，古称“河漏”。饸饹的坯子就是刚蒸熟的红薯面团，趁热将其放入设有许多小孔眼的铁筒子里，然后利用杠杆原理，将面团使劲压下，饸饹就出来了。在炒锅内加熟猪油或食用油烧热，放入葱花、姜末、蒜末炒出香味，再放入鸡蛋、韭菜、豆芽、蒜薹等，大火煸炒，同时加入调味品，最后放入煮熟的饸饹面混合炒匀即可。

# 土特名产

## 南河渡石榴

南河渡石榴籽大，色红，味甜，落地不沾尘土，籽软无渣，食之甜汁欲滴。1987—1989 年在河南省农牧厅组织进行的“石榴栽培技术研究”中获奖，1996 年获河南省科技进步三等奖，1999 年在昆明世界园艺博览会上获得银奖，同年在国家工商总局注册了南河渡石榴商标。2000 年，南河渡石榴基地获“首批河南省农村科普示范基地”（河南省科技技术协会授）称号。2003 年，南河渡石榴基地获“河南省无公害农产品生产基地”（河南省农业厅授予）称号。2005 年，南河渡无公害石榴获“河南省第一批省级农业标准示范区”（河南省农业厅授予）称号。2006 年，南河渡石榴获“国家农业部无公害产品认证”称号。从 2001 年至今，河洛镇已连续举办 16 届石榴节。

目前，辖区内石榴种植面积达 5000 多亩，年产量达 500 万公斤，通过大力宣传和推广，南河渡石榴已成为河洛镇的一张绿色名片，实现了经济效益和生态效益的双赢。

## 康沟萝卜

康沟萝卜历史悠久，青长白短，外形光鲜，翠绿无须，清脆爽口，甜味沁人心脾，生熟皆宜；耐储存，久放不糠；有消食顺气、醒酒、化痰等功效；含有蛋白质、碳水化合物粗纤维、钙、铁、胡萝卜素等人体必需的多种物质。

南河渡石榴之一

南河渡石榴之二 张帅 摄

### 西石沟红薯

因为独特的自然环境，西石沟红薯在肥沃而又疏松的沙质土壤生长。多纺锤形，皮色殷红或土黄，少皱无须，质量好、产量高。薯块中含有丰富的淀粉、膳食纤维以及微量元素和亚油酸等。蒸、煮、烧之后，干软适度，香甜可口，出粉率高，粉质细白，可制粉条、粉皮等，也是制作糖、味精、酒、醋的重要原料。

### 官殿小米

官殿村地处丘陵地带，属于暖温带大陆性气候，昼夜温差大，特别适合种植谷子。官殿小米呈卵圆形，晶莹圆润，色泽金黄，气味馥香。煮熟后米香浓郁、口感润滑，营养丰富。

## 生活习俗

### 婚　嫁

旧时婚俗较为复杂，新中国成立后，结婚程序较为简单。20 世纪 80 年代后，婚俗逐渐复杂化，从“吃喜糖”变为“喝喜酒”。进入 21 世纪，婚礼活动一般请婚庆礼仪公司策划。流行的婚俗活动主要有提亲、相亲、定亲（定婚）、登记、看“好儿”、送“好儿”、搁桌儿与添箱、拉嫁妆、婚前准备、迎娶、拜花堂、待客、闹洞房、回门等。

临近结婚，一般需要为婚礼扎彩车、租购婚纱选司仪。新娘早起盘头、化妆、穿婚纱或秀禾服，手捧鲜花上车，新郎则着西服套装或中式礼服，喜气洋洋迎娶新娘。迎娶新娘的车少则五六辆，多则十几辆。婚礼一般在男方家中或酒店举行。车队接到新娘时，亲朋好友也在此等候。婚礼仪式要在中午 12 时之前完成。婚礼仪式完成后新娘换上敬酒服，在司仪带领下与新郎一起向赴宴的宾朋敬酒。婚宴结束，宾朋自行离去。婚后第二天，新娘回娘家，新郎同去，女方家设宴招待新女婿。

## 丧 葬

传统丧葬礼仪大致分为：丧礼、葬礼、服礼。人死后要发丧（给亲友送信），置送老衣，备白布，做棺材，请阴阳，算出魂、看茔地，设礼宾，呈福、奠主，扎纸扎（即用高粱秆、麻秆、竹子等结扎成型，外面用纸糊成人、马、钱柜子、摇钱树、铭旌楼等），吊唁，哭丧，出殡，下葬入土，谢客，复二（殡葬第二天，孝子要到墓地整修墓丘、摆供、上行、磕头等），做七，做百儿，做周年等。

对逝者逢七要摆放供品，举行哀悼，共做七个七。民间重视“五七”，做七也有忌讳，忌供面条，忌做“四七”，另若是犯七（即做七日与农历初七、十七、二十七相重）、犯八（即七日与农历初八、十八、二十八相重），还要用纸做黄绿伞，周围小白旗，置于盆中，传说灵魂可匿身于内。三个周年、应做的七要祭；“五七”、一个班（死后的百天），三周年重点祭。尤其是第三个周年，同出殡日一样隆重，但带有喜庆气氛，要出棚设置纪念堂，张贴对联，脱白戴红，摆设丰盛祭品，请唢呐乐队吹奏把亡者之魂请回灵堂，并大宴乡邻客人，至此方了。

2004 年后，实行殡葬改革，实行火葬，火化后，有的亲属将骨灰盒带回，设灵棚按旧俗祭奠，将骨灰深埋于墓地，有的亲属在殡仪馆举行遗体告别仪式，将骨灰盒存放于骨灰堂。

## 岁时祝祭

祝寿，即祝延，祝之使长年也，老年做寿，一般从 66 岁开始，常言有“六十六吃块肉”，“六十七吃只鸡”的说法，年年节序。生日做寿，儿女拿寿桃一对（面食做）和其他礼物，闺女们还要拿块肉（三斤以上，没有女儿的，需儿子拿），给父母做寿。早吃面条后，做寿开始，鞭炮齐鸣，后世人向老年人叩拜祝贺，午饭敬酒祝福，全家欢聚一堂，异常热闹。所谓祭，即老年人的配偶下世后做生日时，后辈拿来的食物给其摆供称为祭。现在祝寿，不少家庭为老人到酒店或饭店举行，儿女买寿糕、酒、鲜花为老人祝寿，一般要有长寿面，开宴要唱生日歌、吃蛋糕，有的还专门聘请司仪举行祝寿仪式，录像纪念；也有的在家中订鼓乐、说书、演电影等。

儿童过生日，此地有认“干娘”的风俗。从始认的这年起，连去三年。后到十二岁，生日那天再去“完锁”，以示精伶，开了心窍。

河洛镇“孝老爱亲”模范颁奖

# 庙会集场

## 石关六月二十三西瓜会

改革开放前石关村每年 3 次物资交流会，农历二月初一、四月初一、六月二十三，特别是六月二十三的集会最大，赶会人最多，物资最全，吃食、衣服、用具、农具，样样俱全。因当时正是西瓜成熟的季节，所以西瓜最多，十村八村，甚至外县的西瓜都来石关集会上卖，仅西瓜摊儿就有 100 多家，故称“西瓜会”。

## 蔡沟三月三祖师庙会

蔡沟祖师庙会是每年农历三月初三。参与集会的群众来自郑州、洛阳、焦作等邻近城市的各行各业，人员约 3000 多人，年龄跨度从青少年到中老年。庙会邀请传统民间乐队敲锣打鼓，活跃节日气氛。一些民间艺人也会来这里展示才艺、杂耍。

### 沙鱼沟正月十九庙会

相传农历正月十九是孙思邈的生日，河洛之滨的人们为了纪念治病救命、医德崇高的神医，在沙鱼沟村兴起庙会。庙会期间，两台大戏对唱，赶会的人络绎不绝。改革开放后，正月十九庙会规模比以前更大。

## 岁时节俗

**春　节**　俗称过年，即每年农历正月初一，是人们最欢快的一个传统节日。春节由来已久，传说尧舜时代就有庆祝岁首的风俗。过春节从腊月二十三日开始准备，二十四日除尘换新，大搞卫生，二十八日贴对联，旧时三十日装香炉，截至三十日晚上过年准备就绪。初一凌晨，家家鞭炮齐鸣，柏枝烟火冲天，到处弥漫着沁人心脾的清香味。早饭均食水饺，午饭是多种美味佳肴。初一包第一锅饺子时，将其中一个生饺子的馅中放进一枚硬币，要包严实，与其他饺子混在一起放进锅中煮熟，谁能吃到包硬币的饺子就预示谁有“福”气。吃过饺子，全家老少换上新衣新鞋，由家长带领先给祖先跪拜，然后按同族辈分及长幼顺序向长辈磕头或鞠躬祝福，谓之“拜年”。长辈受礼后，要给小孩儿发“压岁钱”或零食糖果，压岁钱多少不等，寓意晚辈平安度过新的一年。大年初一，忌吵架，忌说不吉利的话。饭要做得吃不完，以示“年年有余”。近几年来，在外吃团圆饭已渐成时尚，人们也有意识地减少燃放鞭炮，短信、微信拜年日渐成为主流，部分晚辈给父母或者其他长辈压岁钱，有条件的人家选择春节期间出门旅游。很多村民会在春节期间自发组织文艺表演、棋牌、篮球、拔河等娱乐比赛活动。

**元宵节**　也称“灯节”或“上元节”，即正月十五日。是我国的传统节日。从唐代起，在这天夜晚就有观灯的风俗。这天除吃美餐外，还要“打茶”吃元宵。到了晚上，家家门前路边彩灯高挂，户户院内屋里蜡烛齐明，各种焰火引人入胜。旧时还会在神像前点上“灯山”，焚香烧纸。正月十六人称小年，吃喝穿戴同初一相仿，另提前用面粉蒸成“财神爷”“麦谷堆”“麦布袋”“刺猬”等造型的花馍以敬神祖。正月十九为全灯节，至此，民间娱乐活动终止，新春佳节活动遂告结束。元宵节期间，白天演出民间文艺节目，夜晚举行灯展，赏花灯、猜灯谜、放烟火。20世纪40年代前，各村在正月十五、十六都有神社搭神棚、设祭供，白天玩高跷、狮子，晚上点灯火，热闹非凡。50年代后，仅保留玩高跷、耍狮子、

河洛镇新春文艺演出之一

河洛镇新春文艺演出之二

撑旱船等娱乐活动。近年来，每逢元宵节，政府组织大型文艺汇演，举办庙会、灯展等活动，其声势、气氛和艺术水平都是以前所不可比拟的。

**龙抬头日** 即农历二月二日，因天气渐暖，大地解冻，万物复苏。以后下雨逐步就要响雷，所以称“龙抬头”。这天有食用炒豆、玉米花的习惯，中午要改善生活。古时还要用草木灰靠墙根把院子圈起来，意思是蝎子就要出来活动了，把它圈在外边不让它咬人。还有一个习惯是从这天起就该开始“上坟”了，主要是告诉人们将投入春播生产。

**清明节** 为二十四节气之一，每年 4 月 5 日前后交节。清明秫秫谷雨花，春耕春播开始了。古时传说“阎王爷”要收“鬼”了，“上坟”要在这一天中午 12 点以前。清明节前夕，家人要上坟烧纸钱、送供品、清扫坟墓周围，并在坟上添新土表示后继有人。机关、团体、学校组织干部、学生到烈士陵园扫墓，进行革命传统教育和爱国主义教育。

**端午节** 又名“五月端五”“端阳节”，即农历的五月初五，为我国民间风俗。“端”是初的意思，“午”是按干支推算五日为“午”。这一天有吃粽子，改善生活等风俗，原为纪念爱国主义诗人屈原在这天投汨罗江而死。相传当时人们还有每逢五月五日，便在门户上挂艾叶和菖蒲，意为禳毒气，避邪恶的习俗。此习俗后来历代相传，每逢这天，群众包粽子、炸糖糕、在门上插艾草，妇女们缝制各种香囊送给亲人，小孩儿佩戴五色丝线，避蚊虫叮咬。

**中秋节** 也叫八月节，即农历八月十五日，系我国民间节日，因农历八月正值秋季中间而得“中秋”名。旧时，还把这个节日作为母亲瞧看出嫁闺女的日子。秋高气爽，新禾入廪，外出人员晚间返回，这一天有吃月饼及瓜果的习惯，群众家家准备苹果、枣、石榴等和月饼一起，与家人共享团圆。

**鬼　节** 又称“十月一”，即农历十月初一。古时传说，庄稼收完场光地净了，“阎王爷”要放“鬼”了，因每年这天多是阴雨，曾有“鬼”不走干路的说法。上坟从这天中午12点以后开始，月底终止。每年上坟两次（二月二、十月一），早清明，表示清明以前上完；晚十月一，表示十月一后开始上坟。

**冬　至** 这是四季进入严冬的节令，天文学上规定冬至为交九，开始进入最冷的天气。这一天都要吃一顿饺子，传说吃饺子可以保护耳朵，免受冻害。“吃过冬至饭，一天长一线”，从字义讲，冬至白天最短，以后用针线做衣服，每一天都可以多做一条线，意思是说白昼逐渐变长了。

**腊　八** 即农历十二月初八。民间长期以来，农民有在这天早上煮米饭吃的习惯，称“腊八饭”，又叫“八宝饭”。做饭时锅中要下大米、小米、绿豆、豇豆、核桃仁、花生仁、红枣、柿饼8种食物，以示庆祝农业丰收。做成饭之后要先盛出1碗，到第2天早上倒进做成的饭中同吃，以示下年农业丰收。俗话说，“吃罢腊八饭，就把‘年下’办”，意在提醒人们春节将至，要准备年货。

**祭　灶** 即腊月二十三日。家家都烙祭灶馍，买糖瓜儿，祭灶还把贴在灶前墙上的灶王爷像撕下，用火焚烧谓之“送灶”，即上天了。灶王爷二十三日去，初一五更来；上天言好事，回宫降吉祥。新中国成立后，祭灶的迷信活动已经取消，尚保留吃麻糖的习惯。

**除　夕** 农历腊月的最后一天。“一夜连双岁，五更分二年”，燃放鞭炮，焚香祭神，子夜之后接神过年，除旧迎新，庆祝一年的结束，迎接新一年的开始。灯烛辉煌，欢腾达旦。在传统习俗中，除夕当天，老人着正装领子孙祭拜祖先，然后吃年夜饭，围坐在炉火边守岁，辞旧迎新。传统意义上的年夜饭，从腊月初八全家人为年节准备食物就开始了，一家人为一顿饭忙碌，以至于平时舍不得吃的食物都要留到年夜饭当晚。当新旧交替的子时零点钟声敲响后，人们燃柏枝、放鞭炮，直至初一早晨七八点钟。现在，守岁的风俗就逐渐被弱化了，取而代之的是全家看春节联欢晚会这一新风俗的兴起。

# 方言土语

抵脑（“丁脑”之转化音）——头

心门——前额

脑后勺、喂嘴吃窝——头后凹处

疙老知——腋下

肚莫脐、肚补唧儿——肚脐

心口——胸膛

布落盖、肐膝盖——膝盖

疙蹬——一只脚跳走

孤堆——蹲下

扳倒——摔跤

踩——脚踏

趁摸——拘束、不好意思

疙致——以手搔人腋窝

滚蛋——骂人“走开”

打饥荒——向人乞求

黑瞎摸——黑夜走路

低瓜——要钱不要脸

唧咕、唧咕蛋儿——做事过于刻薄

打缠——嬉骂取笑

不失闲——乱动不息

尖嘶——对事总是占先

安省——不爱乱动

疙挤着眼——闭着眼睛

板了、扔了——丢掉不要了

黑丧着脸——给人脸看

趿拉鞋——拖鞋

唠着——口衔

噘——骂人

可恶——做事太过

捞住——用手拉住人

弄啥哩——干什么

打喝闪儿——打哈欠

不吭气儿——不做声

不熟、二杆子——动辄怒拼命

藏没儿——捉迷藏

快点儿——赶快、赶紧

串门子——到邻近人家去

喝汤——吃晚饭

串亲戚——到亲戚家去

浮哩——嬉戏

冲旦哩——逞能

才将走——刚走

厮跟——一块走

门坷台儿——门台阶

去茄子、去球——算啦

敲人——枪毙人

不美气——有病

家里、孩他妈——爱人

提头——柳条篮

毛孩——婴儿

凉阴儿——阴凉处

今个儿——今天

影儿、叶儿——昨天

明个儿——明天

后影儿——后天

不粘弦——无关

不粘板——无成功希望

发呓怔——睡梦呓语

呓怔——刚睡起未足

黑老儿——黄昏

中——可以

位先——外面

位爷——外祖父

位婆——外祖母

大笛（响器）——唢呐

糖元——元宵

扁食——饺子

麻堂——油条

捻转——嫩麦子炒熟磨成细条

晌午错——中午刚过

清上——早晨

冷子——冰雹

稀死皮——被欺不敢反抗

日头——太阳

条串——姊妹俩的女婿

娘（儿）们——母子（女）

打盹儿——昏昏欲睡

绰门经纪——胡说者

恁些——那么多

镇些儿——这么多

老美——称心

锅疙渣——锅底积硬食

装哩——假做作

卖当——卖假药

灶火——厨房

镇子——牲口缰绳

后晌——下午

哑巴蚊子——少言心狠

看美儿——恰巧

翠那儿——不论哪里

单美儿——特意

很治——做啥都中

咋啦——怎么啦

柏和——教给

一猛——突然

哟—— 一

俩儿—— 二

仨—— 三

唆—— 四

卧—— 五

溜卧—— 六

雀—— 七

爸—— 八

动植物及其他：

夜鳖虎——蝙蝠

黑老蛙——乌鸦

小虫儿——麻雀

长虫——蛇

蝎虎——壁虎

砍刀——螳螂

烈咕——蝼蛄

屎壳郎——蜣螂

蛤蟆跟斗——蝌蚪
麻脊姥——蝉
可泡虫——土鳖
蚂蚱——蝗虫
茫茫蛾儿——蜗牛
牵巴巴——啄木鸟
瞎恨虎、图焦——猫头鹰
骚孤——公羊
麻椅峭——喜鹊
结子——已阉公羊
醋虫儿——蟋蟀
曲曲串、奇穿——蚯蚓
叫驴——公驴
草驴——母驴
牙猪——公猪
水马——母马
儿马——公马
牛瞅子——牛口带的竹器

犍牛——公牛
氏牛——母牛
儿骡——公骡
骒骡——母骡
皮狐子——狐狸
咕咕——唤鸡
霍霍——唤兔
咩咩——唤羊
打、卧——使牲畜叫走
吁——叫停
槐连墩——槐角
椿古骨——椿果
干柿——柿饼
挨眼——牲口遮眼布
打打——叫向外走（右）
咧咧——叫向外走（左）
白眼窑儿——拨弄事非的
五把杈——什么都会干

# 传统民居

## 窑 洞

邙岭地区气候较干旱，且黄土质地均一，具有胶结和直立性好的特性，土质疏松易于挖掘，故当地人民因地制宜创造性地挖洞而居。窑洞是一种特殊的建筑，不用“加法”而以“减法”“减”去自然界的某些东西从而形成可用空间，分为靠崖窑、地坑窑和砖石窑等。靠崖窑是在黄土垂直面上开凿的小窑，常数洞相连或上下两层，窑高丈余，宽一丈左右，上部半圆，下部方直，长一二丈至数丈不等，有的在窑前盖房形成庭院。地坑窑是在土层中挖掘深坑，造成人工崖面，再在其上开挖窑洞。砖石窑是在地面上用砖、石或土坯及混凝土在平地打起券台，用砖、渣料、石子、预制块券顶而建造一层或两层的拱券式房屋，20世纪70年代后，多数券窑起券处用钢筋拉固。窑洞防火，防噪音，冬暖夏凉，节省土地，经济省工，将自然和生活有机结合，是因地制宜的建筑形式，渗透着人们对土地的热爱和眷恋。

## 薄沟民居

薄沟民居共分4个院落，面积1万平方米。从东往西数第一院为东院，存4孔窑，6间房，为红石头砌窑脸，临街房已坍塌。第二院为最早建造，是薄家老祖居住，属老中院，仅剩3孔土窑洞。第三院为新中院，有2孔窑，6间房，砖砌窑门，临街房已坍塌。第四院为西院，保存比较完整，临街房为二层，共6间，木质棚顶；存3间东厢房，5孔窑，窑为砖砌窑门，红石头砌窑脸。

# 艺文

LOCAL RECORDS OF HELUO

# 诗 歌

## 巩县初见黄河

[宋]欧阳修

河决三门合四水，径流万里东输海。
巩洛之山夹而峙，河来齧山作沙嘴。
山形迤逦若奔避，河益汹汹怒而詈。
舟师弭楫不以帆，顷刻奔过不及视。
舞波渊旋投沙渚，聚沫倏忽为平地。
下窥莫测浊且深，痴龙怪鱼肆凭恃。
我生居南不识河，但见禹贡书之记。
其言河状钜且猛，验河质书信皆是。
昔昔帝尧与帝舜，有子朱商不堪嗣。
皇天意欲开禹圣，以水病尧民以溃。
尧愁下人瘦若腊，众臣荐鲧帝曰试。
试之九载功不效，遂殛羽山惭而毙。
禹羞父罪哀且勤，天始以书畀於姒。

黄河 常丰伟 摄

书曰五行水润下，禹得其术因而治。
凿山疏流浚畎浍，分擘枝派有条理。
万邦入贡九州宅，生人始免生鳞尾。
功深德大夏以家，施及三代蒙其利。
江海淮济洎汉沔，岂不浩渺汪而大。
收波卷怒畏威德，万古不敢肆凶厉。
惟兹浊流不可律，历自秦汉尤为害。
崩坚决壅势益横，斜跳旁出惟其意。
制之以力不以德，驱民就溺财随弊。
盖闻河源出昆仑，其山上高大无际。
自高泻下若激箭，一直一曲一千里。
湍雄冲急乃迸溢，其势不得不然尔。
前岁河怒惊滑民，浸漱洋洋淫不止。
滑人奔走若锋骇，河伯视之以为戏。
呀呀怒口缺若门，日啖薪石万万计。
明堂天子圣且神，悼河不仁嗟曰喟。
河伯素顽不可令，至诚一感惶且畏。
引流辟易趋故道，闭口不敢烦官吏。
遵涂率职直东下，咫尺莫可离其次。
尔来岁星行一周，民牛饱刍邦羡费。
滑人居河饮河流，耕河之壖浸河渍。
嗟河改凶作民福，呜呼明堂圣天子。

## 什谷异流

[清]孙汝工

河洛源头各一山，曾经什谷两相关。
朝宗大海浑无别，会赴平川却有班。
清浊分流争活泼，图书合派尽潺湲。
东过此地探微理，短棹茫茫水色斓。

乾隆《巩县志》巩县八景之什谷异流

乾隆《巩县志》巩县八景之洛口春游

## 洛口春游

洛口寻芳何处妍？故园三月景堪怜。
千村香信皆经雨，一路浓阴不辨天。
日射山岚晃翡翠，风腾水面簇沦涟。
年年占尽王孙草，古驿同人解杖钱。

## 邙岭秋风

一山斜枕隔黄流，风起砧声向晚愁。
野树萧条惟鸟下，荒村寂寞少人留。
云归白暗津头路，霜落红催冢上楸。
更有牧童吟笛切，夕阳残照总成秋。

乾隆《巩县志》巩县八景之邙岭秋风

乾隆《巩县志》巩县八景之石窟晚钟

### 石窟晚钟

石龛峭壁似龙门，震动鲸音细雨昏。
声彻法筵空色相，响通禅理悟风幡。
尝回午夜惊僧梦，直到三更动客魂。
莫怪阇黎鸣饭后，暮钟正寄一丹元。

## 民间传说

### 伏羲的传说之一：河图洛书

很早很早以前，伏羲老祖就在黄河与洛河交汇处的神都山上居住。

一天，伏羲老祖路过洛河边，忽然好像听见有人喊他："伏羲……，伏羲……"他四周看看，不见一个人影。刚走了两步，又听见那个叫他的声音。停下来四处张望，周围还是没人，只见洛河里露出一只大白龟。这只龟很大，长有百丈，周身银光闪闪，双目如炬，正伸长脖子望着他。伏羲有点害怕，慌忙后退，只听白龟说道："天有数来地有数，天地数尽变无数，要想为民造幸福，请收白龟献洛书。"伏羲老祖一听说能为民造福，什么都不怕了。

伏羲老祖站在岸边等，那白龟慢慢爬上岸来，一上岸，变成了一个白头发、白胡须的老头儿，手里捧着一片龟甲，双手递给伏羲，嘴里说着："此名洛书，含满天数，仔细揣测，莫要迟误。"说罢隐身而去。

河洛汇流 王向阳 摄

伏羲接过洛书细看，只见紫雾蒸腾，银光闪烁其中，点点圈圈，圈圈点点，伏羲经过三天三夜的观察揣摩，终于悟出来了：原来这洛书是天相之书，地理之典。天所有，地相对，人相依；天人相合，天地相辅，地人相成。他仰天笑道：“天九地一，左三右七，二四为肩，六八为足。”“南天红有火，北天黑有水，东天碧有木，西天赤有金，中天黄有土。”

伏羲又根据洛书上一二三四五六七八九的天数，制订了治理天下的九类大法：

一类是五行。五行是金、木、水、火、土，必得、必治，相生、相克。这是治理天下之本。

二类是五事。作为大王，貌应慈而威，言应信而约，眼应观八方，耳应容褒贬，心应细而阔。

三类是农田八政。要时刻牢记民以食为天，国以农为本，要倡礼义，除强暴，重教化。

四类是五纪。从头年冬至到第二年冬至，为一岁，从月朔到月晦，为一月，大月三十天，小月二十九天；从夜半到第二天的夜半为一日；星为二十八宿；辰为日月。

五类是皇极。作为大王，要行中庸之道，做事公允，不偏不倚。

六类是三德。为大王要正而立，正而直，正而曲。要刚强立事，要柔和治人，恩威并用。

七类是稽疑。要占卜吉凶，解人疑难。

八类是庶征，即众验。大王办事要经得起民众的考验，取得民众信赖。

九类是五福。一是长寿，二是财富，三是康宁，四是美德，五是顺天。

伏羲根据洛书制订的九类大法，成为后世帝王的治国法典。

伏羲得了洛书，领悟天意以后，就在洛河岸边设了一个祭坛，祭了七七四十九天，只见黄河上空架起一道彩虹，水面上云雾升腾。云雾散后，现出一个怪物：马的身子，龙的鳞甲，凤凰的翅膀，兽角兽尾。怪物身上布满黑白斑点，天然成数。伏羲正要细看，突见金光一闪，那怪物化作一位金发金须老者，手捧一张河图，递了过来，随即隐去。

伏羲仔细端详河图：下方一个白点，六个黑点；上方七个白点，两个黑点；左方三个白点，八个黑点；右方九个白点，四个黑点；中间五个白点，十个黑点。不管上、下、左、右、中，各相对两数都差五数。显示东、西、南、北四方和中央为天一地二天三地四天五地六天七地八天九地十。天数五个，是奇数；地数五个，是偶数。五个天数之和是二十五，五个地数之和是三十，天地之数的总和是五十五。天运地载，天阳地阴，预兆天下文明。

伏羲得到洛书、河图以后，悟出了安邦治国的要义，并世世代代地留传了下来。伏羲又根据河图、洛书，演出了八卦。从此，结束了野蛮的洪荒时代，开创了中华文明的新纪元。

## 伏羲的传说之二：太极图和八卦起源

在巩义河洛镇洛口村的东岭上，有座八卦台，八卦台上有座伏羲庙。在很古很古的时候，伏羲老祖就是在这里绘出了太极图，画出了八卦，创造了文字符号。

神都山 王向阳 摄

一天，伏羲老祖坐在八卦台上，仔细观察着黄河与洛河汇流的情景。黄河水是黄的，洛河水是清的，两水相汇，形成一个很大的漩涡，一半是黄色，一半是清色，好像两条鱼紧紧地互相尾随在一起。在大漩涡中，又各形成两个小旋涡，就像两条鱼的眼睛。伏羲老祖看着看着，灵悟顿生，拣起一根树枝就在地上画了起来，这就是流传千古的伏羲太极图。

太极图中的两条游鱼，黑的名阴鱼，主阴、主静、主母；白的名阳鱼，主阳、主动、主父。白在黑中生，黑在白中育，黑白相辅相成。阴鱼的眼睛是白色的，阳鱼的眼睛是黑色的，表示阴鱼的前身是白，阳鱼的前身是黑。阴阳相交，黑白相会，合二为一，一分为二，一个旋转变化着的世界。

太极图中的阴鱼表示地，阳鱼表示天，天地的交界就是阳鱼和阴鱼的交界，表示人。天、地、人被称为“三才”，是太极图的核心。

伏羲在洛河岸边画好了太极图，又望着黄河与洛水形成的一个个漩涡，仔细观察。他望着望着，忽然悟出一个字：动。

于是，伏羲跋山涉水，察天观地。他翻过了九百九十九座大山，趟过九百九十九条大河，经历了风雨，经历了雷电，好像懂得了什么，又好像什么都不明白，沉醉在朦胧的糊涂之中。

这天，他又坐在洛河边沉思。忽然，他看到一只大龟，有一丈多长，从洛河里爬上岸来。那只大龟的身上闪闪发光，双目如炬，正伸着脖子望着他，朝他身边爬来。伏羲从来没见过这么大的龟，它到近处时，不动了，把头也缩在了壳里。伏羲抬头一看，只见天空架起八道彩虹，雾气腾腾中，八个光圈升起。大龟壳上闪现出黄灿灿、褐油油、绿葱葱、白茫茫、红腾腾五种着色，在蒸腾中化出化入，波及四面八方。

伏羲经过好长时间的观察、沉思，终于悟出来了：那黄的是金，绿的是木，白的是水，红的是火，褐的是土。金、木、水、火、土是五种基本物质，在蒸腾的气息中旋转，八方万物升华出白、紫、黄、绿、青、蓝、黑、橙，七彩八色，交而聚，聚而散，分而合，合而分，形成了世界万物。大龟是个周而复始的圆，龟壳中央的金、木、水、火、土五方，同样是一个旋转的圆，与他画的太极图不谋而合。

糊涂清醒了，朦胧消失了，伏羲挺立在洛河岸边的山丘上，拱手取天地之气，采日月之华，手摇碧叶，晃动蓍草，伴着黄河涛声，在八道彩虹之下画起八卦来。

万物始于无，源于气。气中有阴，阴中有阳。伏羲用连道——为阳，用断道 -- 为阴。

既表示方位，又表示了从一到八的八个数字，这就是：为一，为天，称乾；为二，为泽，称兑；为三，为火，称离；为四，为雷，称震；为五，为风，称巽；为六，为水，称坎；为七，为山，称艮；为八，为地，称坤。

伏羲又按东、西、南、北，东南、西北、东北、西南八个方位，配上太极图，画成了先天八卦图：

无极生太极，太极生两仪，两仪生四象，四象生八卦。八卦究天人之际，以阴阳变化阐释天人之道，能知变、不变，以趋吉避凶，逢凶化吉。

伏羲在河洛汇流处的山丘上画出了光照古今中外的太极八卦图，开创了中华文明的先河，成为中国传统文化的源头活水。伏羲的子孙们为了纪念这旷古圣事，就在老祖宗当年画八卦的地方筑了八卦台，建了伏羲庙。

[附注：八卦台遗址位于河南省巩义市（原巩县）河洛镇洛口村东岭，南北长约500米，东西宽约60米，为新石器时代早期遗址。据《水经注》记载："黄帝东巡河，过洛，修坛沉璧，受龙图于河，龟书于洛，赤文绿字。"在巩县洛水入河口处，指的就是此处。该遗址于1987年被列为郑州市文物保护单位。]

## 嫘祖养蚕的传说

黄帝和炎帝是弟兄俩，都是有峤氏的孩子。二人统一全国部落以后，根据有峤氏的安排，黄帝定居在中原地带，炎帝定居在汉水、淮河流域，没料到没过多长时间，炎帝为了多占地盘，乘黄帝不备，突然发兵攻击。黄帝吃了败仗，人员伤亡很大。

黄帝的妻子嫘祖不仅心地善良、聪明贤惠，还想办法为丈夫分忧解难，她看到丈夫打了败仗，就劝他退居神都山，把住三川口，屯粮养兵。她建议丈夫，一方面外出访贤，搜罗人才；一方面发展人口。黄帝采纳了嫘祖的建议，决定自己亲自外出云游，招贤求将，把发展、保护本部落兵丁人口的重任交给了嫘祖。

嫘祖接受了丈夫的重托以后，反复考虑：要想发展和保护现有部落的人丁，关键是解决好人们过冬的保暖工作，解决人们的穿衣戴帽问题。她对手下的大臣作了具体分工：胡曹负责做帽子，伯余负责做衣服，于则负责做鞋。

当时要做衣帽可真难，没有布没有针，也没有线。愁得嫘祖吃不下饭，睡不着觉，人也病倒了。

一天，嫘祖身边的几个女子悄悄地在一起商量，打算上山摘些鲜果子回来，给嫘祖调调胃口。她们一早进山，跑遍了邙山岭的沟沟叉叉，摘了不少果子，可是用嘴一尝，不是涩就是酸，总觉得不可口，眼看天快黑了，来到一片桑树林子，见树上挂满了雪白的小果子，也没顾得尝，慌慌张张摘了不少。拿回来用嘴咬，咬不动，嚼不烂，也没什么味道，扔到地上干生气。

这时，过来一位名叫共鼓的大臣，问明了情况，随便说了一句："现在咱们有火，咬不动就用水煮"。几个女子得到提醒，就点起火来，把白果子放在水里煮，煮了一阵，还是咬不动，一个女子生气了，就捡起一根木棒，去锅里乱搅，搅了一阵，往外一拉发现木棒上缠了很多像头发丝细的白线，并且越拉越长。不大功夫，锅里煮的白果子全成了雪白的细丝，剩的蛹肉还能吃。她们把这个发现告诉了嫘祖。

嫘祖看了以后很高兴，病也好了。第二天，她让女子们领她到桑林里去看，螺祖在桑林里转悠了几天，终于发现，这些白果子不是桑树上结的，是一种虫嘴里吐的。

嫘祖把抽出的细丝用手拉拉，觉得很结实，她想，要是把丝合成线，就会更结实，用它缝兽皮，穿到身上定能保暖。于是，她就领着妇女，把细丝合成线，用兽骨削成针，做起了一套套兽皮衣裳，这年冬天，部落里再没有因天冷而冻死人了。

黄帝回来听了螺祖的报告，看了件件缝制好的皮衣，很高兴，指着树上那种虫子说："这种虫真是天虫，为人类帮了大忙。"后来造字的时候，把这种虫定为"蚕"，就是天虫的意思。黄帝又指着桑树说："这种树是神树，应该敬在高岗上，不准人随便乱砍，乱摸。"所以，此后的桑树都长在山坡上，房前屋后不能乱栽，至今巩县一带还流传着"前不栽桑，后不栽柳"的俗语。

从此，栽桑养蚕的事业在神都山一带发展起来，逐步发展扩大，黄帝部落更加人丁兴旺发达，兵强马壮。

## 虞舜和南河渡的传说

传说上古帝王虞舜在继承唐尧帝位以前，曾到今天南河渡乡的神都山上居住了很长一段时间。为什么呢？主要是为了逃避并让位给唐尧的大儿子丹朱。

帝尧死前，见其长子丹朱生性粗野，无才无德，其他几个儿子都很年幼，就决定把帝位禅让给舜。但帝尧死后，丹朱不遵父训，纠合其狐朋狗党，准备和舜大战一番，以便夺

石板沟黄河滩涂 王向阳 摄

取帝位。当时不少人受了丹朱的迷惑，起哄反对虞舜。舜是个非常大度善良的人。他想，做官为帝是为了给百姓造福，若因此而与丹朱打起仗来，势必给百姓造成灾难，岂不辜负了先帝的重托。于是，舜只身悄悄离开京都，让丹朱继承了帝位。

不知走了多少个日夜，吃了多少苦头，舜终于来到了洛河南岸。他登高四望，只见河宽百尺，波涛如怒，又无船只。看罢此景，虞舜悲愤油然而生，仰天长叹："想我虞舜辛劳半生，问心无愧，此次让位丹朱，虽违先帝之命，亦是为民着想，上苍何以如此不公，设此险阻，让我如何渡河？"

舜闷坐山头，苦苦思考，整整一夜，仍无良策。到天似亮非亮之际，又觉饥寒难忍。谁知他刚一抬头，忽见北方天空金光灿灿，好似日出。紧接着闻到一股异香之气，又看到一朵五彩祥云，悠悠而来，眨眼工夫到了近前。忽从云间落下一位道姑，仪态飘逸，道骨仙风。舜一见，慌忙拜倒，口称："弟子舜拜见仙师，不知仙师到此，有何吩咐？”道姑摆手，叫他起来，说：“我乃女娲娘娘，在神都山上见你有难，特来渡你过河。”

“多谢仙师。”

女娲娘娘叫舜闭目站定，然后念动咒语，用手一指，说声“过！”舜只觉腾空而起，耳边忽忽生风。待女娲娘娘叫睁开眼时，已经到了对岸的神都山下，赶紧拜谢。娘娘道：“此处乃河、洛两川之地，自古人杰地灵，如今也是物阜民丰，然不久将有一场大水灾，望你在此修身养性，加意治理，也好造福一方百姓。”说罢，飘然而去。舜连连望空施礼。

等舜再回过头来，天已大亮。一轮红日冉冉升起，田野美景尽收眼底，舜看罢此景，顿觉神清气爽，疲惫全无。

从此，舜与这里的百姓共同劳作、共同生活。由于他为人厚道，心地善良，威望越来越高，不久即被推为当地首领。

舜做了首领以后，带领人们打猎种地，栽桑养蚕，使得家家丰衣足食。为了防灾，舜又让人们在山上修建了许多粮仓，把余粮贮存起来，以备不时之需。舜到这里的第四年，发生了一场大水灾，庄稼全被淹死。但这里的人们却是温饱不愁。神都山一带成了众望所归的地方。五年时间过去了，河洛地区发展得空前繁荣。

丹朱登基以后，穷兵黩武，滥施刑罚，民怨沸腾。加之连年大灾，各部落纷纷归依大舜，舜就自然成了真正的帝王。丹朱却落得众叛亲离，连年没有吃饭养身的地方，只得逃

入深山，再未露面。舜做了帝王后，想女娲娘娘把自己从洛河之南渡到洛河之北，便把此地命名为南河渡。

## 大禹受玉简的传说

青龙山卧龙峰下藏龙洞，传说是伏羲成仙以后居住的地方。

传说伏羲本是一条龙，人头龙身，是龙的始祖，也是人的始祖。伏羲创造了龙的天下，至今华夏儿女还自称“龙的子孙”“龙的传人”，就是这个道理。

大禹治水的时候，带领治水大军来到神都山下，摆上牛、猪、鸡、羊，祭天、祭地、祭始祖。只见从东南方八卦台升起股紫雾，徐徐向大禹扑来，大禹微闭双眼，仔细观察体会，感到这紫气之中有龙腾虎跃的气息，有青龙盘卧的元气。龙气龙象交错出现，恍恍惚惚，若明若暗。大禹知道此处是伏羲老祖生前画八卦、治天下的地方，定是老祖显灵。他把治水大军安顿停当以后，决定入紫气，追龙气，寻龙迹，祈求老祖指点。

大司徒伯益要派人役保护，被大禹制止。

大禹只身追着紫气慢悠悠地走去，一直走到青龙山的卧龙峰下。只见蒸腾的紫气渐渐收缩，由宽变窄，最后变成一缕，收入在一个岩洞之中。

大禹站在洞口，往里一望，黑洞洞的，不知深浅。大禹为了拜见老祖，不顾个人安危，径直往洞里走去。

民建大坝　王向阳　摄

洞内很黑，无光无亮，伸手不见五指，大禹摸着洞壁，一步一步向前挪动。岩洞越来越窄，洞内也越来越黑，简直是寸步难行。忽然，前边亮起两盏明灯，照出了向左拐的一个洞口，大禹随亮入洞，走近一看，那两盏灯原是一条大蛇的双眼，大蛇徐徐前行，大禹步步紧跟。

深洞曲曲弯弯，大禹走了九曲十八弯以后，忽见前边宽阔明亮，富丽堂皇，一条银髯白须的大青龙，数十丈长，头生双角，鳞光闪闪，盘卧在青石柱上。

大禹一见，知道不是凡物，但又不好称呼，急忙跪下拜见。等到大禹抬起头来，青龙渺然而逝，眼前现出一座殿堂，殿堂中央端坐一位老者。那老者须发银白，头生双角，肩披葫叶，腰围兽皮，手中托着一轮八卦盘，面对大禹慈祥微笑。

大禹心里已经明白，就急忙上前了拜三拜，说道："晚辈大禹叩见伏羲老祖。"

伏羲说道："子承父业，为民治水，辛苦你了，快快请起。"

大禹道："老祖为了苍生鞠躬尽瘁，我今治水本是分内之责。只是艰难重重，还求老祖指教帮助。"伏羲道："你顺天治水，又不辞辛苦，干得不错。我虽隐居在青龙山中，仍时时挂念着人间大事。为助你一臂之力，今特送你一样东西。"说着，伏羲从胸中掏出一件玉器，交给了大禹。

大禹接过一看，乳白色的一块玉块，长 1 尺多，宽 4 寸左右，光滑透亮，闪闪发光，急忙问道："如何使用？请老祖明示。"

伏羲道："此物名叫玉简，宽 4 寸，长 1 尺 2 寸。都是四的倍数，含四象之四。需用之时，可以伸长千里。拿它和八卦共用，丈量大地，测水深浅，能保你在十年内治平洪水。"大禹急忙拜谢，再等大禹抬起头来，已到了青龙山下。

大禹凭着伏羲老祖传给他的玉简，终于治服了天下的洪水。神都山下的百姓为了纪念大禹治水的功绩，在黄河洛水交汇的地方建了一座河渎庙。

## 宓妃、嫦娥奔月的传说

回郭镇的刘村，位于洛水南岸。这里有一座庙，叫宓妃庙。庙里供奉的宓妃，是伏羲的女儿，也就是人们常说的"洛神"。

相传在盘古的时候，华夏族的祖先伏羲就住在洛河南岸一带。为了祭河图、洛书，他在洛口筑了个八卦台。伏羲往来于黄河、洛水之间，坐的是一只独木小舟。有一次，伏羲

洛河 郜亚峰 摄

忙于神事，很晚很晚还没回来。宓妃觉得独木舟挺好玩，就独自一人驾起小舟，在洛河下游玩起来。划啊、划啊，划到斟鄩外的訾殿、刘村之间时，突然狂风大作，阴云密布，波涛汹涌，浊浪千丈，随着电闪雷鸣，一条青白相间的凶龙蹿出河面，直向小舟扑来。宓妃早已魂飞魄丧，惊叫一声，跌落水中溺死了。

伏羲失去了爱女，十分忧伤，日日夜夜守在洛河岸边哭泣，边哭边呼唤“宓妃”的名字。他的哭声感动了玉皇大帝，便封宓妃为“洛水之神”执掌洛河。洛河上空经常云雾飘游，那就是洛神在河里巡视往返呢。

把宓妃惊吓落水的凶龙，是执掌黄河之神河伯。河伯性情放荡，喜怒无常，心胸狭窄，盛气凌人。宓妃生前在洛水荡舟已使他顿生妒恨，谁料死后又被封为掌管洛水之神，他更加怒火中烧，于是又想把宓妃从洛水驱走，但慑于玉皇大帝的威严，不敢鲁莽行事。思前想后，终于想出一条妙计，摇身一变，化为一个英俊后生，去向伏羲求婚。河伯嘴上说早对宓妃有爱慕之意，心里却暗想，只要你答应了这门亲事，我既可占有美丽的洛神，又能继续在洛河逞威，岂不两全其美！伏羲见河伯面目文雅清秀，求婚之意真切，也就答应下来。河伯走后，伏羲便来到宓妃溺水的地方，设下香案，祭祷洛神，告知已将她许配河伯，要她尽速打点嫁妆，迎候新郎。宓妃是被河伯害死的，如今旧仇未报，又添新恨，死活不肯应允。但是父亲既已应诺，想必也是天意，无奈，只得强忍怨恨，嫁给了河伯。

宓妃出嫁以后，终日与黄河的滔天巨浪为伴，这情景常常引发她痛苦的回忆。况且这里距离伏羲居处路途遥远，思乡心切，于是决意仍旧住在洛河，河伯也勉强不得。从此，河伯只得来往于河洛之间。每当河伯来洛河时，总是挟风带雨，泛滥洛水，淹没一片片农田。而当河伯离开洛河时，这里又酷热难当，大地龟裂，庄稼旱得又枯又焦。有一天，河伯一去黄河不归，天上出现了十个太阳，大地旱成一片火海，庄稼、树木全晒死了，人也被晒死大半。这时有个射箭的英雄叫后羿，请求伏羲让他把太阳射下来。伏羲十分高兴，并把后羿请到八卦台上射日。后羿登台遥遥一望，挽起射日弓，搭上穿天箭，连发九箭，射落了九颗太阳。当后羿欲射最后一颗太阳时，伏羲拦住了他，说是留下一个太阳普照万物，不然天下永远黑洞洞，那还了得。天下还有许多野兽残害生灵，你留下一支箭射杀它们吧。

后羿按照伏羲的指点，越崇山，跨峻岭，四处追射吞噬活人的巨兽。那时的野猪大得像山冈，蟒蛇有几百里长，黑熊的掌子比打麦场还大。但是，能射下太阳的利箭，还能射杀不了这些野兽？后羿瞄准一个，撂倒一个；瞄准一个，撂倒一个，终于把它们全都射死了。那长长几百里的蟒蛇被射死后，横卧在黄河与洛河之间，变成了现在的邙岭。那头像山冈一样大的野猪被射死后变成了褚岭。掌子比麦场还大的黑熊，化为黑石山，它的嘴巴被射日箭穿成大洞，那就是“黑石关”。从此以后，天下太平，四时接序，五谷丰登，百姓安居乐业。

一天，后羿骑马来到洛河岸边散心。在明镜一般的洛河下游，有一股浊浪自黄河逆流而上。后羿觉得好生奇怪，等到那浊浪到了眼前，定睛一看，才发现水里有一条凶龙。后羿一眼认出它就是在洛河两岸吞云吐雾酿造旱涝灾害的祸首，于是拈弓搭箭，“嗖”的一声，正中恶龙右眼。那恶龙怒吼一声，腾空而去。

原来那恶龙正是河伯，来找宓妃的。正在河中得意游弋，不防被射瞎了眼睛。但他也知道后羿那射日弓的厉害，不敢与后羿争斗，便来到天庭，向玉皇大帝告状，说后羿射伤自己，罪不容赦。玉帝有心袒护功绩卓著的后羿，便一边问河伯详情，一边寻思理由。

当河伯说到他当时是变作一条龙向洛河游去，玉帝截断他的话说：“龙乃虫也。后羿射的是虫，何罪之有？你河伯随意化成大虫有辱神格，本当重责。但念你已负伤，不加治罪。去吧！”河伯只好悻悻然回到河府。

却说宓妃见河伯眼被射瞎，面目更加丑陋，十分恼怒，便跃出水面，厉声责问："是谁如此大胆，竟敢射伤河神？"

后羿答道："天上天下，谁不知道我后羿这张射日弓？一条恶龙，兴风作浪，害得天下民不聊生。为民除害，理所当然。"

几句话说得宓妃无言以对。接着，后羿又把自己如何射日、射封狶、射修蛇的经过讲给她听。宓妃越听越感动，越听越对这位射日英雄产生仰慕之情。心想，若能把河伯换成后羿，那该多么幸福。于是，她就把自己的不幸遭遇讲给后羿听。后羿正缺一个能给自己缝缝洗洗的女人，他当即表示要娶宓妃为妻。二人越说越投机，最后，宓妃走上岸来，和后羿一块儿骑马回到了斟鄩，也就是现在的罗庄。后羿深深地爱着宓妃，并给她改了一个很好听的名字叫嫦娥。

从此以后，嫦娥终日在家，后羿照常出去打猎。后羿的箭法极好，没有几日，附近的野兽就全被他打光了。以后，后羿每出去打一次猎就得一连数日不归。再往后，一出去就是半个月，再往后就得半年才能回来。年长日久，嫦娥渐渐觉得寂寞难熬，心情郁闷不乐。这天晚上，后羿终于回来了。看上去好像喝了酒，神采飞扬。他兴冲冲地对嫦娥说，这次打猎，摸到昆仑山，见到了西天王母。西天王母赐给他一包仙丹，吃了这包药以后就可升天。还说，他要再出一趟远门，给嫦娥准备足够下半辈子吃的食物。然后，他就要升天成仙了。

粗心的后羿，第二天一大早就又走了。嫦娥望着他远去的背影，不觉潸然泪下。她哀叹自己命苦：先嫁河伯，少情寡义；后嫁给后羿，本想有个寄托，不料这人不久也要弃她而去。嫦娥不禁暗自伤神，终日在家长吁短叹。她曾想去寻短见，但她是神，神是死不了的。可是这样苦苦地活着，比死还难受。往后这日子怎么打发啊！

这天晚上，嫦娥来到院中。只见一轮明月挂在中天。那月亮上影影绰绰，似有亭台楼阁。仔细看时，却又是一片冰轮，洁净无瑕。她想，那上边一定是个纯洁美妙的世界。于是她想到那包升天的仙丹。主意拿定之后，她回到茅屋，打开箱子，从首饰匣中取出了那包升仙之药，也来不及倒水，便将仙丹吞了下去。霎时，只觉得头晕目眩，飘飘欲仙，身不由己，升向天空。嫦娥舒展衣袖，天空立刻出现一团五彩缤纷的天花。那团天花越升越高，终于消逝在月亮四周那片清辉里——嫦娥奔到月宫里去了。

过了很久很久，后羿才从远方回来。当他发现嫦娥偷吃了仙丹，奔向月宫之后，没有悲伤，没有眼泪，又骑上马找西天王母去了。他希望再讨来一服仙丹。仙丹讨到了没有，人们不得而知，但是后羿再也没有回来。

## 五龙村的来历

巩义市南河渡有个五龙村。说起五龙村的来历，得从四千年前的夏朝说起。传说夏朝太康在位时，贪图享乐，丧失了民心，有穷国的后羿乘机夺取了政权，兄弟五人狼狈逃出京城斟鄩，来到神都山下，在今天五龙村所在的地方居住下来。

每天，兄弟五人除了正常的劳作之外，晚上便在一起讨论各种问题。他们怎么也弄不明白，祖先历尽千辛万苦，克服千难万险创建的大夏基业，一夜之间竟丢失得干干净净。而且那么多的老百姓看见他们打了败仗，不仅不支持他们，还拍手称快。为了弄懂这个问题，他们来到了神都山上的喜神庙里，求神灵指点。焚香叩头之后，太康抽了一签，展开一看，见是一幅画，画上两只船，一只船在水上，一只船在水下，但画上的水和船却水不像水，船不像船，五人一时不知是什么意思，就坐下来反复细看，仔细揣摩，终于明白了。原来，画中的水是由无数的人形组成的，那船则是一个王冠，这分明是喜神启示：民犹水，君犹舟，水可载舟，亦可覆舟。五人悟出其意后，半晌无语，最后太康对兄弟们说："我们天天只知享乐，不顾百姓死活，所以失去了民心，也就失去了天

五龙村 王辉 摄

下，但我们决不能灰心丧气。常言道，亡羊补牢，犹未为晚。我们只要记住这些经验教训，复国还是有望的。”

从此以后，兄弟五人十分注意接近百姓，和百姓一起劳作，一同游乐，还经常修桥补路，为公众办好事。现在五龙村附近的古桥村，就是因为他们曾在那儿修过一个很大的桥，后来才得名的。时间长了，附近百姓没有一个不熟识他们五人的，一提起他们，都竖起大拇指。失去的民心，又被他们赢了回来。

时光一天天过去了，五弟兄的年纪也越来越大。太康感到自己这一代是复国无望了，于是便把五弟兄召集在一起，感慨地说道：“江山得之难而失去易，我们的经验应让后辈人知道。”于是，他们合伙创作了一首《五子之歌》，流传后世，其中所讲的道理，至今仍可借鉴。太康五弟兄去世后，其后代子孙都熟读《五子之歌》，到子孙少康时，又复兴了夏王朝。

太康五弟兄，按神话传说，都是真龙天子，后世人们就把他们隐居创作《五子之歌》的地方，叫做五龙村。

## 神雕仙凿石窟寺

嵩山北麓的巩县北邙山脚下，有一条玉带似的洛水。在这山环水绕的地方，矗立着一座我国石刻艺术的宝库——石窟寺。

寺内现存大小石刻造像七千余尊，各有特色，它们的共同特点是立意高远、构思新颖、形象生动、刀法纯熟。尤其是《帝王礼佛图》和《皇后礼佛图》这两组人物众多的浮雕，被公认为中外现存的古代石刻艺术中的第一流杰作。至于那些经常吸引着许多学者、教授和艺术家们的独具魅力的石刻，可以说是鳞次栉比，四壁生辉。

据说，这些巧夺天工的石刻艺术是神仙雕凿的。

早在北魏孝文帝年间，有个穷人家的孩子经常到北邙山脚放羊。每当太阳从东方升起的时候，他就听到山里有一种铿铿锵锵的声音，时高时低，时强时弱，像石工在凿石，又像用琵琶弹奏优美的乐曲。这孩子常常只顾听，而忘了放羊。

一天，放羊孩子正在凝神细听这声音，不知怎的突然停止了，接着传来一个男人的询问声：“成不成？”放羊孩儿举目四望，只见山野茫茫，渺无一人，唯有羊群在岩石旁吃草。他认定是自己的耳朵发生了错觉。

石窟寺　曹振普　摄

第二天，放羊孩儿又在聆听那铿铿锵锵的声音时，重新听到了与昨天一样的询问声：“成不成？”这一次听得真真切切，清清楚楚。他又向四处张望，还是不见人影。他奇怪极了，回到家里把这件事告诉了母亲。母亲想了想，说：“这恐怕是神仙在修造什么东西。孩子，你要是再听到那个问话，就回答说‘成了’。”放羊孩儿点了点头，赶着羊群出去了。

第三天，果然从山里再次传来“成不成”的问话。放羊孩儿高声答道：“成了！”话音刚落，只见眼前闪出万道金光，随着“轰隆”一声巨响，大山塌下一个角来，露出一排穴窟和佛像，每个佛像周围都飘动着五彩祥云，缭绕着香雾轻烟。

当地的众百姓见此情景，就围绕着穴窟修起了一座寺院，取名叫“石窟寺”。

## 魏征修建河渎庙的传说

隋朝末年，李密率领瓦岗军攻陷了兴洛仓，自称魏王，改偃月城为金墉城，建立了大魏政权。

李密得知宇文化及在扬州杀了隋炀帝，自称大许皇帝的消息，遂召集十八路反王会集甘泉关，企图攻占长安，夺取天下。谁知，李渊的第三子李元霸，英勇无比，一把大锤将十八路反王打得丢盔弃甲，跪拜投降。不幸李元霸在得胜途中，被雷劈死。

王世充趁机在洛阳兴兵，攻打李渊率领的唐军，打算攻下长安，当上皇帝。李渊急命次子李世民迎战王世充，王世充大败。

这天夜里，清风徐徐，皓月当空，秦王李世民吃罢晚饭，带着殷开山、马三保二将出外游玩。三人游着游着，忽见山坡上一头白鹿，慢慢走来。李世民袋内取弓，壶中取箭，“嗖”的一声，一箭正中白鹿头顶，白鹿带箭而逃。白鹿在前边跑，秦王在后边追，不知翻过几座山，趟过几道河，前边现出一座城池，城门上写着“金墉城”三个大字。秦王一看，不觉心内大惊，知道来到巩县地界，再看身后，殷开山、马三保二人早被甩得无影无踪。

这天夜里，秦叔宝、程咬金二人正在巡城，听得城外马蹄声呼响，急忙打开城门，出外察看，见一人骑着马，正在四处张望。只听程咬金大喝一声“呔！什么人？敢来私探俺金墉城？”李世民闻声望去，只见这员大将，虎背熊腰，身高八尺，虽夜色中看不清面孔，倒也十分骁勇，连忙在马上拱手答礼道：“孤乃大唐皇帝次子世民便是。无意游猎到此，绝无私探城防之意，请问王兄何名？”程咬金一听来者是李世民，想起了李元霸对自己的一顿重打，不由火冒三丈，举起手中的宣花斧，便向李世民砍来，嘴里还一边喊着：“好你个唐童，来得正好！我正要找你讨账！”秦王急忙把手中的定唐刀一架，说道：“王兄，孤家与你无仇，何必如此？”程咬金喊道：“你不晓得俺程咬金，在紫金山被你兄弟李元霸一锤打伤，差点丢了小命！怎说没仇！今日相逢，难逃狗命！”“当”的又是一斧，李世民抵挡不住，回马败走。李世民在前边跑，程咬金在后边追。秦叔宝紧紧跟在身后，远远看见秦王头顶上亮出一道红光，那红光内现出一道金龙，护卫着秦王身体，知道是真龙天子。

李世民跑着跑着，眼看天色微明，抬头一看，来到一处死谷，四面都是悬崖峭壁，无路可走。路边只有一座古庙，挂有匾额，上写“慈云寺”三字。秦王下马，悄悄牵马入庙，看看庙内并无藏身之地，就连人带马，缩成一团，躲在了供桌底下。

后边程咬金、秦叔宝赶到，见四处无路，定是藏在庙中。程咬金一斧将庙门劈开，闯了进来，见庙堂一间，只有供桌一张，别无藏身之地，想必躲在供桌底下，刚要举起大斧去劈，忽见从供桌下边站起一人，大声喊道："程王兄且慢！"程咬金一看，不是别人，正是瓦岗军副军师魏征。

程咬金见是魏征，大眼瞪了小眼，举起的大斧再也放不下来，忙问："魏军师咋到此地？"魏征拍拍身上的土，慢悠悠地说道："我奉魏王之命，前来此庙荐香，昨夜留恋山色，就暂宿此庙。方才还在睡梦之中，忽听有人破门，我还以为是哪里来的强盗呢！"程咬金问道："方才可见唐童躲了进来？"魏征惊道："这么小一个地方，别说什么'糖桶'，就连'盐罐'也没有啊？"程咬金一听，哇哇大叫："怪了，怪了，连人带马莫非飞了不成！"

又要四处去找，魏征给秦叔宝使使眼色，秦叔宝连忙拉住程咬金，走出庙门，回城去了。

原来，瓦岗军军师徐茂公夜观天象，预知李世民有今日之灾，必然逃往慈云寺避身，就提前派魏征藏在庙中，暗中接应。李世民在慈云寺化险为夷以后，非常感激慈云寺和魏征。

他登基以后，拨巨款，派三藏禅师（即陈玄奘）重修慈云寺并重用魏征，此为后话。

事后，魏王李密得知徐茂公、魏征设计放走李世民，火冒三丈，拍案高声喝道：“好个牛鼻子道人，擅敢弄鬼，侮玩孤家么？”魏征急忙巧言答辩，李密越发大怒道：“你二人合谋玩弄孤家，本当处斩，姑念有功在前，饶你们一死，你们快快离开，孤再也不用你们了！”喝令殿尉将二人赶了出去。徐茂公微微冷笑，取出笔墨纸砚，写了几行诗，贴在午门之上。诗曰：

黄河

高阳道士徐茂公，拜上金墉西魏王，
日败三贤归别国，开仓甲子耗王粮。
七骠八猛皆离散，一十二骑往哪方，
约克五行丁卯日，管教四马自投唐。
雄信洛阳招驸马，乱箭攒身王伯当。
挂首午门传号令，那时见你泪汪汪。

徐茂公将诗写完，与魏征微笑拂衣，一块出城，道了声：“后会有期！”分东西扬长而去。

午门外的该值官，急忙取下徐茂公写的诗句，报与魏王。李密读了诗句，大怒道：“这两个狗道，如此无礼！”即差贴心将官王伯当、柳周率兵去捉拿二人，就地正法。

魏征出了金墉城，与徐茂公分手，径直朝神都山下的黄河边走去。刚走到黄河岸边，只见大水滔滔，空无一人，更无一叶舟船。忽听身后人声鼎沸，马蹄踏踏，知是魏王的追兵赶来，眼看追兵越来越近，面对滔滔大河，连个藏身的地方也没有。万般无奈，双膝跪倒，对着神都山拜了三拜，含泪祈祷道：“神都山啊神都山，您是圣哲神仙居住的地方，念我魏征，自幼家贫，从未干过伤天害理之事，何必今日置我于死地？倘若神灵保佑，度我脱险，我定要为国为民，肝脑涂地，以报万一！”魏征祈祷刚完，忽见黄河上游飞来一只无人驾驶的小舟，直向魏征身边飞来。魏征刚刚踏上小船，后边追兵赶到。追兵还没来得及动手，小船已经像箭一样向黄河河心飞去了。

魏征在神都山下的黄河岸边脱险，念念不忘神恩。待李世民登基，封他为尚书右丞相以后，他自己捐资在神都山下的黄河岸边修了一座河渎庙，后来改为河大王庙。后世屡经修葺，至今庙宇犹存。庙内现存的一幅石刻对联：

范围万派千流无容泛滥
鞭辟惊涛骇浪并入沧溟

据说是根据魏征的授意编写的。

# 名人与名镜

LOCAL RECORDS OF HELUO

## 牛 瑄

牛瑄，字仲温、芝生，号温斋、励庵、小梧、荔庵，生于道光十年（1830 年），卒于光绪三年（1877 年），享年 47 岁。他敏而好学，为练好字，常以沙盘作纸，筷子为笔，或以膝盖为纸，手指为笔，致筷子磨短，裤子磨破。为增进学业，在老庙山将军寨习读，久不回家。一次他趁过年回家探亲，其父严而诫之曰："过年可误读书，读书不误过年，当知业精于勤荒于嬉！"牛瑄连夜回寨。他恪遵父谕，潜心攻读。在书法上，他的字圆融道健，刚柔得体，笔到意随，章法通畅。他博通经史，文章义蕴精深，笔墨酣畅。自道光二十六年（1846 年）以来，河南凶年饥岁，连续不断，尤其光绪三年（1877 年），灾情更重，民不聊生，牛瑄往访故友江苏巡抚吴文炳，筹借粮款，赈济灾民，不幸逝世于上海。巩县、汜水县 18 村 72 位知名人士，联名赠"行孚时望"懿行大木匾一幅，以彰牛瑄之善行。牛瑄和康百万家是儿女亲家，康道平（号坦园）之孙女，乃牛瑄之长媳，两家交往甚密。康家现存有牛瑄撰写的屏、联、诗、文多幅。同治十年（1871 年）正月，牛瑄给康家写的"留余匾"今仍额其堂，被誉为中华名匾，是康百万庄园镇园之宝。

## 任同堂

任同堂（1876—1960 年），字镜海。原籍巩义市河洛镇神北村人，民国三十四年迁孝义。清朝壬寅科举人。保定高等法政学堂毕业。青年时代力倡维新，与王传沙等人推动成立神堤更新小学、黑石关县立中等农桑学堂和回郭镇公立速成工艺学堂等。光绪三十年（1904 年），任同堂被推为巩县资议会选民资格调查长，他不顾乡绅子弟非难，坚持秉公办事。

武昌起义成功，任同堂由保定返豫，与赵长荣等组织豫西革命军，并策动驻洛清军参谋吴古月为内应，约驻潼关之张钫部东进，拟于 1911 年阴历十一月十五日汇兵围攻洛阳。后因事情泄漏，任同堂、赵长荣急中应变，率部西进，与张钫的秦陇复汉军组成秦豫联军，张钫任统领，任同堂为参谋长。

中华民国成立（1911 年）后，豫西革命军被改编为镇嵩军，任同堂任参谋长兼执法官。1913 年，任同堂当选为河南省参议院副议长。民国六年、民国十一年，两届当选为国会参议院议员。曹锟贿选总统，任同堂拒贿弃职，归乡隐居。凡邀其参与政事者，均被婉言谢绝。解放前夕，任同堂不轻信谣言，坚信共产党深得民心，必能救国救民。中华人民共和国成立后，任同堂被聘为河南省文史馆馆员。

## 贺近恪

贺近恪，林产化学专家，新中国林产化学科研的奠基人之一。1919 年 10 月 15 日出生于河南省巩县（今巩义市）南河渡乡札子沟一个采矿工程师家庭。1956 年加入九三学社。1982 年加入中国共产党。1945 年毕业于中央大学农业化学系，曾任中央林业试验所技佐。1948 年赴澳大利亚科学与工业研究组织林产研究所进修。1950 年回国，历任中国林业科学研究院林产化学工业研究所研究员、所长，中国林学会第四至六届理事、林产化工学会第二、三届理事长，《林产化学与工业》主编，国际林业研究组织联盟成员。1984 年当选为世界林业科学院院士。20 世纪 50 年代曾负责筹建内蒙古牙克石栲胶厂。

贺近恪曾主持栲胶（单宁）等资源的调查和科研工作，开拓了栲胶、木材水解、木材分析和化学研究等领域，发表有《我国林化生产发展概况和科研方向》等论文。贺近恪与澳大利亚学者共同主编的《黑荆树及其利用》是近 20 年来该领域最重要的学术著作，为今后黑荆树科研和生产提供了重要依据。

## 白桐本

白桐本（1920—1944 年），原名白本桐，字梧村，河南省巩县河洛镇古桥村人。1937 年初中毕业后，白桐本投身于中国共产党领导的民族解放事业。翌年春，他辞别新婚妻子，参加了八路军，不久加入中国共产党。1940 年，随部队从山东南下，后参加新四军一师战地服务团。在如皋县栟茶、丰利等区做民运工作，先后担任新四军一师三旅七团九连、如皋县警卫团二连指导员。为支持地方抗日斗争，1941 年底被派到如皋县马南区任区队教导员。1943 年 1 月，任掘马南区区长兼区队长。

白桐本在马南区、掘马南区任职的时候，正是日伪疯狂“扫荡”“清乡”之际，他不畏艰险，带领区队与敌人展开针锋相对的斗争。区队不断发展壮大，很快从原来的 12 个人、4 支步枪，发展到 90 多人、60 支步枪和 1 挺轻机枪，各乡民兵也发展到 2000 多人。他带领区队和民兵开展游击战，给“清乡”日伪军以沉重打击。

白桐本当区长时，每月津贴费很少，但他省吃俭用，把攒下来的钱粮接济贫苦农民。他所带的区队，纪律严明，经常利用打仗空隙帮助群众做各种农活。白桐本爱人民，人民也爱他，敌人曾悬赏40万元伪币捉拿白桐本，群众说：“就是金子堆成山，也休想从我们这里弄走他。”每次危急时刻，人民群众总是挺身而出保护他。1944年3月初，堤南乡乡长张报春被捕牺牲，白桐本到堤南乡恢复工作，15日下午4时许，曹埠伪军根据汉奸密报，直扑鲍家墩白桐本住地。白桐本在突围时，头部臀部中弹，昏倒后被捕。3月23日，因伤势过重，在南通城“江北中央病院”牺牲，年仅24岁。

噩耗传到如东，万民恸哭，群众纷纷用传统的方式祭祀。《苏中报》、延安《解放日报》用醒目标题《人民领袖白桐本》报道他的英勇事迹。当地人民把他战斗过的掘马南区改为桐本区（现为桐本乡），马塘镇修建的一座大桥命名为桐本桥。新中国成立后，他的事迹被编成连环画《人民的烈士白桐本》《人民英雄白桐本》和长篇小说《白桐本的故事》《映山红》在全国发行，还被编成剧本上演。如东县修建了白桐本纪念馆和烈士墓。

在他的家乡河南省巩义市市区有一条以他的名字命名的主干路——桐本路，以纪念这位巩义籍抗日英雄。

## 陈天然

陈天然（1926—2018年），男，柏沟岭人，版画家、书法家。1948年参加革命，随中原总工会南下武汉，任《中南工人报》编辑、《湖北日报》美术编辑。1955年，创作的版画《收工》获湖北省青年美术奖。1960年，任湖北艺术学院讲师，兼版画教研室主任。1965年，任湖北美术院绘画创作室副主任。他的书画作品不仅在国内多次参展，还先后到日本、德国、美国、瑞士、朝鲜、新加坡等国展出。1983年，陈天然当选为第六届全国人民代表大会代表。历任河南省文联委员、河南省美术家协会 和书法家协会副主席以及中国版画家协会、中国美术家协会、中国书法家协会常务理事等职。2010年，回乡定居。2018年，因病去世，享年92岁。

## 烈士名录

| 序号 | 姓名 | 性别 | 出生年月 | 籍贯 | 参加革命年月 | 政治面貌 | 牺牲年月、地点 | 牺牲时所在单位、职务 | 备注 |
|---|---|---|---|---|---|---|---|---|---|
| 1 | 刘成忠 | 男 | 不详 | 神北村 | 1956 | 不详 | 1958.8 于青海省兴海县 | 唐乃亥农场民兵 | |
| 2 | 刘振中 | 男 | 1935 | 神北村 | 1956.2 | 团员 | 1958.8 于青海省兴海县 | 兴海县人武部战士 | |
| 3 | 任同志 | 男 | 1929 | 神北村 | 1948.12 | 团员 | 1950 于江西省上饶县 | 三野特纵辎汽团二连司机 | |
| 4 | 张成山 | 男 | 1925 | 神北村 | 1949.12 | 不详 | 1951.6 于朝鲜 | 志愿军五四一团六连见习排长 | |
| 5 | 张有林 | 男 | 1927 | 神南村 | 1951.1 | 团员 | 1952.9 于朝鲜 | 志愿军一五〇师四四八团三营机枪连战士 | 又名张黑孬 |
| 6 | 马鸣忠 | 男 | 1928 | 神南村 | 1948.11 | 党员 | 1951.7 于云南省巧家县 | 四十三师一二七团七连战士 | |
| 7 | 薄兰州 | 男 | 1927 | 南河渡村 | 1947.7 | 不详 | 1949.3 于山西省太原市 | 六十军排长 | |
| 8 | 张小五 | 男 | 1927 | 南河渡村 | 1948.11 | 不详 | 1949 | 九纵二十五旅七十四团战士 | 1961 年追认 |
| 9 | 薄长润 | 男 | 1914 | 南河渡村 | 1938.7 | 党员 | 1941.6 于山东省济南市 | 十八集团军办事处工作人员 | 又名薄奇 |
| 10 | 贺兴洲 | 男 | 1921 | 南河渡村 | 1947 | 党员 | 1949 于江西省安福县 | 四兵团警卫营副排长 | |
| 11 | 李仁强 | 男 | 1926 | 南河渡村 | 1948.6 | 不详 | 1951.3 于朝鲜 | 志愿军二十六军二二六团七连班长 | |
| 12 | 张石斌 | 男 | 1929 | 南河渡村 | 1948.11 | 不详 | 1949.6 于江西省 | 九纵二十五旅七十四团战士 | |
| 13 | 郑印川 | 男 | 1931 | 南河渡村 | 1949.8 | 不详 | 1949.8 于郑州市 | 十六军四十六师一三七团二营战士 | |
| 14 | 王金昌 | 男 | 1920 | 南河渡村 | 1947.10 | 不详 | 1951.9 于朝鲜 | 志愿军二〇〇师五九九团五连排长 | 又名王黑，立一次三等功 |
| 15 | 张望楼 | 男 | 1908 | 寺湾村 | 1938 | 党员 | 1945.10 于巩县 | 皮定军部八路军豫西抗日独立支队秘书 | 安葬巩义市烈士陵园 |
| 16 | 宋景召 | 男 | 1927 | 寺湾村 | 1947.5 | 不详 | 1949.8 于陕西省铜川县 | 一野二旅五团六连战士 | 又名宋老松 |
| 17 | 张义清 | 男 | 1932 | 寺湾村 | 1948.8 | 不详 | 四川省 | 二野战士 | |
| 18 | 白治业 | 男 | 1928 | 石关村 | 1948.10 | 群众 | 1952.12 于朝鲜 | 志愿军十五军一三二团一营副排长 | 立功两次 |
| 19 | 焦臣卿 | 男 | 1932 | 水峪村 | 1951.3 | 群众 | 1953.1 于朝鲜 | 志愿军十五〇师四四八团三营战士 | |
| 20 | 焦光学 | 男 | 1919 | 水峪村 | 1948.9 | 不详 | 1951.11 于朝鲜 | 志愿军七十六师二二六团饲养员 | 又名焦观武 |
| 21 | 宋东海 | 男 | 1928 | 古桥村 | 1948.6 | 不详 | 1948.10 于山东省济南市 | 三野八纵战士 | 1961 年追认 |

续表

| 序号 | 姓名 | 性别 | 出生年月 | 籍贯 | 参加革命年月 | 政治面貌 | 牺牲年月、地点 | 牺牲时所在单位、职务 | 备注 |
|---|---|---|---|---|---|---|---|---|---|
| 22 | 白长庆 | 男 | 1934.3 | 古桥村 | 1951.7 | 党员 | 1958.5 于甘肃省夏河县 | 〇〇三一部队三支队五连排长 | |
| 23 | 白桐本 | 男 | 1919 | 古桥村 | 1938.2 | 党员 | 1944.3 于江苏省如东县 | 新四军一师战地服务团、如东县掘马南区区长 | 又名白本桐 |
| 24 | 白由杰 | 男 | 1930 | 石板沟村 | 1948.5 | 党员 | 1956.6 于朝鲜 | 志愿军十五军司令部通讯员 | 又名白坤 |
| 25 | 白小孬 | 男 | 1923 | 石板沟村 | 1951.5 | 群众 | 1951.7 于荥阳县 | 河南军区暂编九团二营战士 | |
| 26 | 张玉顶 | 男 | 1927 | 双槐树村 | 1951.5 | 不详 | 朝鲜 | 不详 | |
| 27 | 张满长 | 男 | 1923.5 | 英峪村 | 1952.3 | 群众 | 1952.5 于郑州 | 郑州工会委员 | 在“三反”“五反”中被敌害死 |
| 28 | 张帅周 | 男 | 1932.3 | 沙鱼沟村 | 1956 | 团员 | 1958.8 于青海省兴海县 | 兴海县民兵连战士 | |
| 29 | 蔡仁宪 | 男 | 1929.1 | 蔡沟村 | 1949.3 | 不详 | 1982.5.19 河南省郑州市 | 郑州市公安局审查站 | 河南省郑州烈士厅 |
| 30 | 何德纯 | 男 | 1945.6 | 石板沟村 | 1963.12 | 不详 | 1977.1 新疆马兰 | 八九八〇四部队九分队工人 | 1977 年 1 月在八九八 0 四部队塌方牺牲 |
| 31 | 姜汉云 | 男 | 1926.3 | 黑叶沟村 | 1949.5 | 党员 | 福建省平潭县 | 二十八军二四七团三连 | |
| 32 | 钟贵松 | 男 | 1924 | 寺沟村 | 1951.2 | 不详 | 1951.11 朝鲜牺牲 | 志愿军四四九团六连 | |
| 33 | 王全来 | 男 | 1933.2 | 七里铺村 | 1951.3 | 团员 | 1951.12 朝鲜牺牲 | 志愿军第五十军一四九师 | 安葬于辽宁省丹东市 |
| 34 | 刁建国 | 男 | 1917.4 | 七里铺村 | 1949.2 | 团员 | 1953.8 云南省洋濞自治区 | 14 军后勤部 | 安葬于云南省洋濞自治区烈士陵园 |
| 35 | 姜石芳 | 男 | 1929.8 | 胡坡村 | 1951.3 | 群众 | 1953.6 辽宁省 | 一五〇师四四九团 | |
| 36 | 李祥春 | 男 | 1921 | 胡坡村 | 1948.1 | 群众 | 1950 河北省沙米 | 15 军 42 师 127 团 | |
| 37 | 王忠祥 | 男 | 1927 | 胡坡村 | 1948.6 | 群众 | 1951.9 西方山 | 二二六团四连 | |
| 38 | 王命军 | 男 | 1917 | 胡坡村 | 1948.1 | 群众 | 1950 江苏省 | 15 军 43 师 128 团 | |

# 印象河洛

LOCAL RECORDS OF HELUO

## 陈天然作品

陈天然作品之一

陈天然作品之二

陈天然作品之三

陈天然作品之四

陈天然作品之五

陈天然作品之六

陈天然作品之七

陈天然作品之八

陈天然作品之九

陈天然作品之十

陈天然作品之十一

陈天然作品之十二

陈天然作品之十三

陈天然作品之十四

陈天然作品之十五

陈天然作品之十六

陈天然作品之十七

陈天然作品之十八

陈天然作品之十九

陈天然作品之二十

## 徐小龙　河洛风情画卷·夏粮卷　中国画

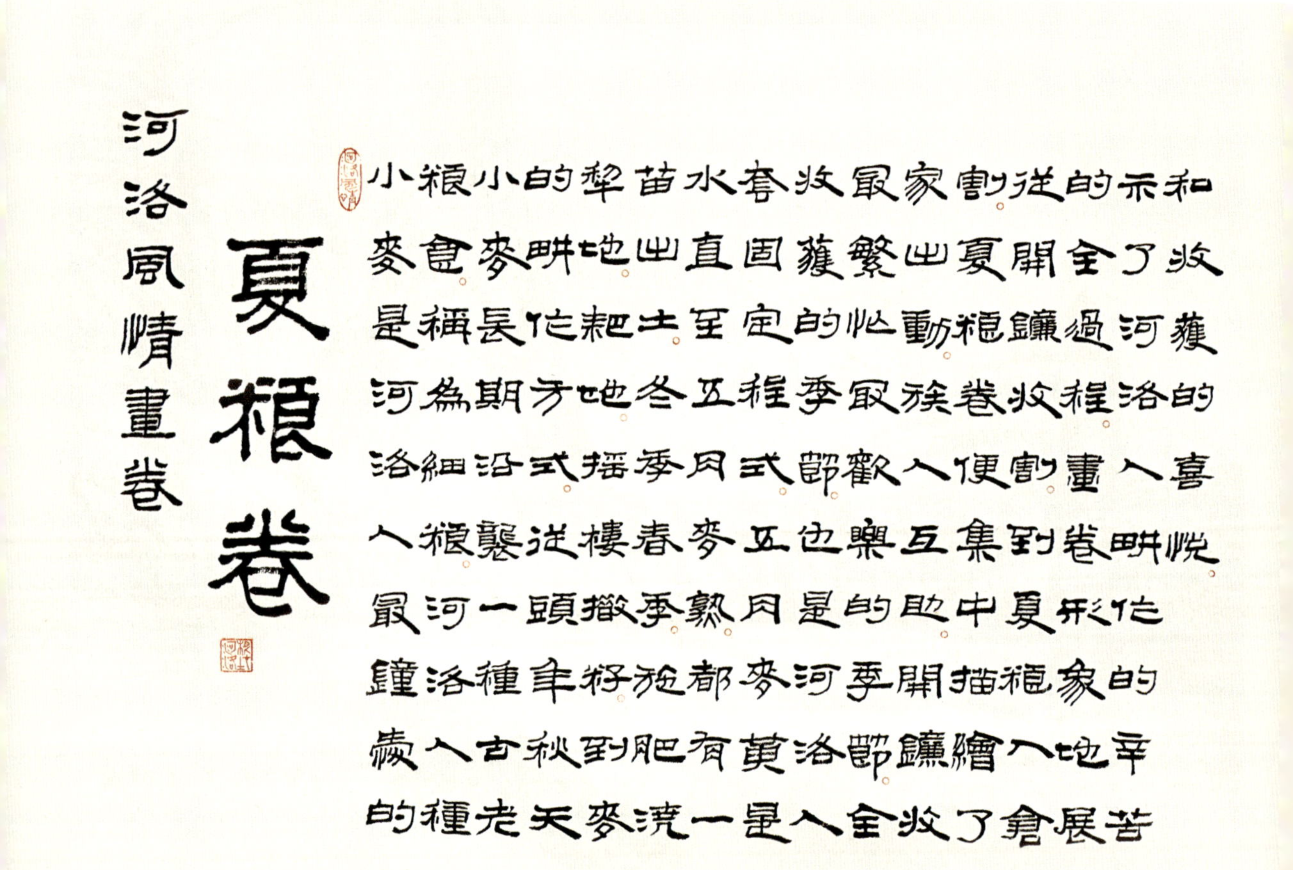

稼梢停的買賣放倒秋後又忙着腰地上粪為操種小麦作准俺
犁地就改善土壤結构的作用。把表層和粪土壓到底層。「犁地看犁托耙地看牛角」犁要地要深翻細吃不留隔下。「莊稼活兒不用學人家咋着咱咋着」世上事都是說着容易做着難做莊稼也一樣其實農活干起來大有文章。
「種地不上粪等於瞎胡混」「一堆粪土一堆糧」種地只要捨得上粪就能多打糧食河洛人就信這個理兒。

麦播種期為寒
河洛地區的小
為之折服。
術作品、不得不
高級的工藝美
來的地、簡直是
漢子們拾掇出
圖案、看看河洛
頭」等花色
「富貴不斷
穿城」
板」、「四
「纏枝
名堂、
有諸多
合標準、
耙地不但符
行家里手、他們
地區多有做花樣的
等、防止蟲害作祟、河洛
不見坷垃、以利小麦種子發
須耙細、耙磁實、耙絨和、
耙麦地比不得耙棉花地、必
「花地架住耬、麦地耙出油」

期小麥就成熟。過早播種麥苗易瘋長，過晚播種撐不上季節，都會不同程度的影響產量。下種量的多少，要根據土地的肥瘦情況而定。其講究大。拉耩地之後，用「碾子籽兜」沿播溝重碾一遍，使其進一步踏實，利於麥苗出土，防止螻蛄咬了麥根。「碾子籽兜跟，不到耬前頭」的歇後語，即出自此處。

墒顯得特別重要
土地澆不上水靠天吃飯故鋤地除草鬆土保
這三場雨對小麥豐無疑河洛地區大面積
盤頭過了年三月份一場灌漿雨以利飽籽有了
份一場底墒雨以利生芽十月份一場封凍雨以利
俗話說「小麥生長需要八、十三場雨」即播前八月

趕節令毫不懈怠
抓緊收割以防風吹
割要特別注意一點
成熟期割來之快些

達到麦粒
到均匀不露
要逐沿碾
碾場放碾
之後套碾
幾遍翻曬

畫與
犢子玩個
翻跟斗生
美了小孩子
舒起杈可
丟了掃帚
場忙得人

碾碾之後
人們用桑
杈把麥秸
清理出場
好臨時堆
放待以後
再碾留
下辛苦一
季得來
的果實
黃騰騰
金燦燦
吆吆叫人
喜歡

場
等風揚
掃場地
集中清
板把麥秸
拾淨用刮
秸用略耙
面的碎麥
把麥秸上

增高
的增高而
随着麦山
人们的心情
越高此刻
的麦山越来
而去金黄
的麦糠掃
扛耙堆上
把撒落在
打略的人
耙堆需要
糠落上扛
足致使麦
低因风力不
进下草遇
把麦粒带

來供奉依
煮鷄蛋舒
把準備好的
麥山高高老人
準備再幹下一宗
兜肘鐵吃飽了饃喝足了湯
湯香噴噴地油饃牙兒蜂饃卷
送來「貼响飯」鮮亮亮地紅豆米湯解
搬起麥山一歇歇告一段落家人

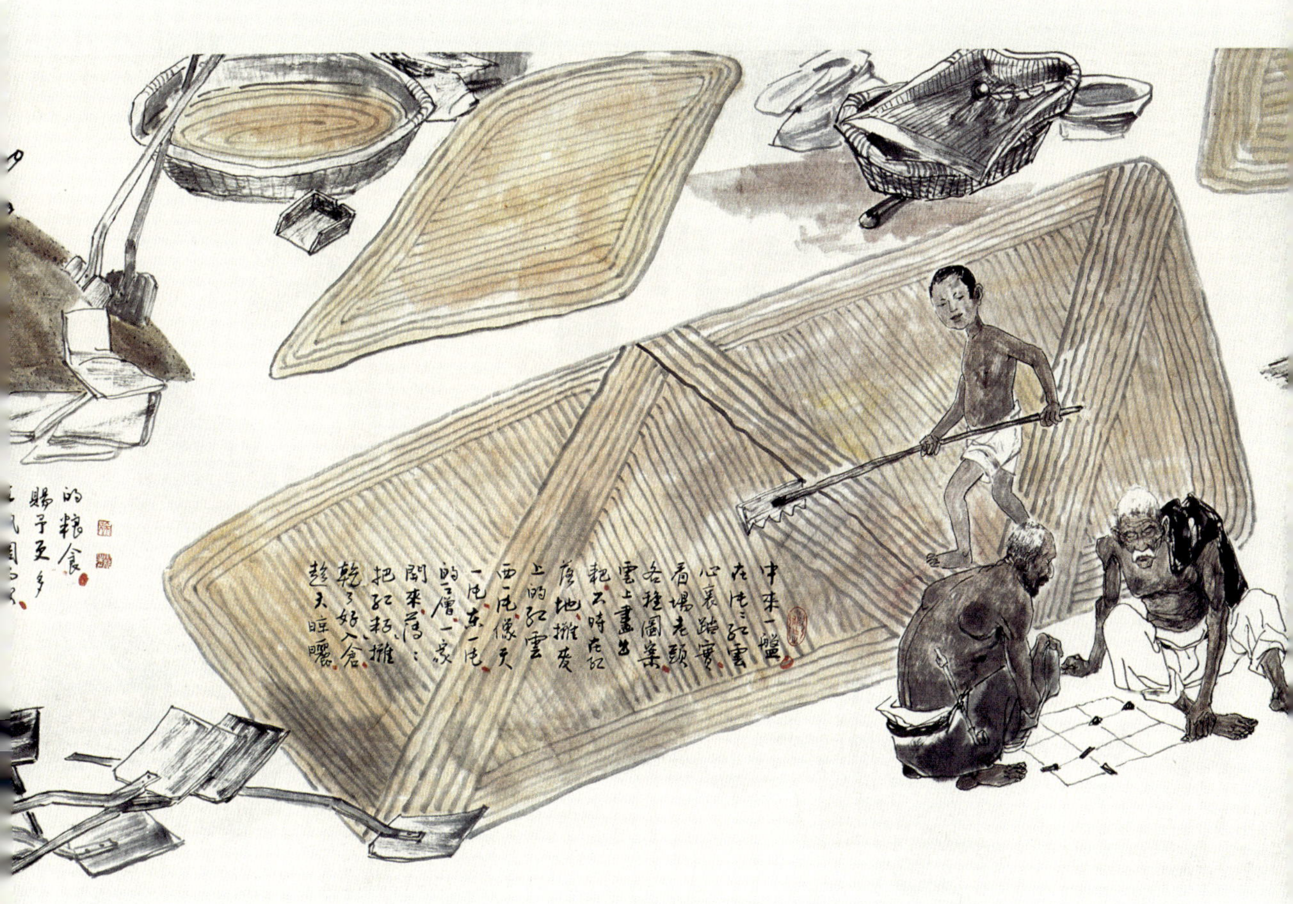
中來一盤
在坨坨紅雲
心裏踏實
看場老頭
各種圖案
雲上畫出
耙不時在紅
場地攤麥
上的紅雲
西一坨像天
一坨東一坨
的層層一家
鬧來落落
把紅粮攤
乾了好入倉
趁天晾曬

仁義堂
積善堂
不管是
顧鄉鄰
親不親
忠厚堂
仁義堂

小麦進倉自有白虎神鎮守一百個放心倉裏有粮心裏不慌還怕啥哩

這可是
麥秸垛
秸打起
下的麥
入庫餘
小麥收倉

一粥
要珍惜一米
食來之不易
無休止糧
的循環永
個圓圈式
磙一樣有一
小孩子推石
活人類好像
土地土地又養
莊稼人保護
種種了又收
稼就是收了
莊之類做莊
玉米谷子紅
種植秋作物
稼澤又忙着
地淨場光花
於洛汭寫之
乙酉年小龍

# 大事纪略

王向阳 摄

秦庄襄王元年（公元前 249 年），秦灭东周武公。秦将蒙骜攻韩国，韩献巩，始置县，属三川郡（三川指黄河、洛水、伊水）。

北魏孝文帝（471—499 年），在巩县建希玄寺，后于宣武帝景明年间（500—503 年），依山凿窟造像，称石窟寺。

隋帝大业元年（605 年），县治迁洛口。

大业二年（606 年）十月，在县东南塬建洛口仓（即兴洛仓），筑仓城。

北宋，太平兴国二年（977 年）二月，太宗赵炅到巩县，住洛口，赐西山名“太平岗”，由吕蒙正书丹立石，清雍正四年（1726 年），黄河南徙，该石没入水中。

神宗元丰三年（1080 年）由都水丞范子渊呈请：从巩县仁村（今仁存沟），沙口（今沙鱼沟），往河阴（荥阳境）瓦亭子到汴河口，修建引洛济汴工程；后由内侍宋用臣监丁完成，长 25 千米，两岸河堤长 51.5 千米。

金代定洛阳为中京，置留守。改河南府为金昌府，下辖九县四镇，洛口镇为直辖镇。

明太祖洪武元年（1368 年）四月，设洛口驿，隶属河南府。永乐年间撤。

永乐十六年（1418 年），县丞华胥召集人役开神堤大渠。

清雍正十三年（1735 年），知县季璟在石关建见山书院。

乾隆三十年（1765 年），李宏任河南河道总督，上奏在巩县洛河入黄河处作水文记录，汛期逐天上报。

1948 年 4 月，巩县解放。

1952 年，陇海铁路在县东设沙鱼沟车站。

1953 年，南河渡卫生院成立。

1954 年 8 月，对黑石关至神堤段洛河大堤进行整修和加固。

1963 年 3 月，沙鱼沟成立公社。

曹振普 摄

1965 年，河洛卫生院成立。

1967 年 12 月，南河渡成立公社。

1968 年 2 月，南河渡人民公社变革为南河渡人民公社革命委员会，沙鱼沟人民公社变革为沙鱼沟人民公社革命委员会，所属各大队变为大队革命委员会。

1973 年秋，投资 6 万元建设石灰务浮桥，半年后通车。

20 世纪 70 年代，修筑河东滩区民建大坝，有防洪丁坝 37 道，工程全长 4320 米。

1974 年，修筑神堤控导工程 8~23 坝 16 个单位工程，属于地方民建。

1978 年，神堤控导工程 8~23 坝 16 个单位工程移交给黄河河务部门管理。

1981 年 5 月，南河渡人民公社革命委员会变革为南河渡人民公社管理委员会，沙鱼沟人民公社革命委员会变革为沙鱼沟人民公社管理委员会，大队革命委员会变革为大队管理委员会。

1982 年 1 月，贯彻中共中央 1 号文件精神，全面实行家庭联产承包责任制。

1982 年 3 月，国务院公布石窟寺为全国重点文物保护单位。

1983 年 11 月，南河渡人民公社管理委员会变革为南河渡乡人民政府，沙鱼沟人民公社管理委员会变革为沙鱼沟乡人民政府，大队变革为村。

1983 年，河南省人民政府授予南河渡初中“振奋精神，开创教育工作新局面”锦旗。

1984年，在河洛镇沙鱼沟村创办河洛镇敬老院，占地面积10亩，建筑面积1200平方米。

1990 年，洛口仓遗址被巩县人民政府确定为第一批县级文物保护单位。

1992 年，巩义市河洛汇流处发现大型旧石器文化遗址。

1993 年 10 月，由中华炎黄文化研究会、河南省炎黄文化研究会、巩义市政府共同主办的“炎黄文化与河洛文化国际学术研讨会”在巩义市召开。

1995 年，石河路伊洛河大桥建成通车，长 486.2 米，桥面宽 16 米。

1996 年 8 月，经省政府批准，撤销巩义市南河渡乡、沙鱼沟乡，设立南河渡镇、河洛镇。实行镇管村体制，原行政管辖区域不变。

1996 年，南河渡乡二中、南河渡乡一中合并，学校更名为巩义市南河渡镇初级中学。

1999 年 9 月，“南河渡”牌石榴参加昆明世界园艺博览会，获得银奖。

2000 年，续建神堤控导工程 1~7 垛及 24~28 坝。

2001 年 11 月，焦作至巩义黄河公路大桥正式通车。

2002 年 7 月，市第一条公交旅游线路巩义市宋永昭陵至河洛汇流游览区开通。

2002年，省道S235河洛段建成通车，南北长3.4千米，路面宽18.5米，设计时速80千米每小时。省道S235伊洛河大桥建成通车，长760米，桥面宽18.5米。

2004年，小学合点布局，南河渡镇各村小学撤销，合并至香玉小学。

2005年3月，常香玉纪念馆暨香玉小学图书馆，在南河渡镇香玉小学奠基。

2005年5月，在常香玉逝世一周年前夕，常香玉故居修缮一新对外开放。

2005年，修筑神堤控导工程1垛至上沿3垛。

2005年12月，巩义市河洛镇挂牌成立。由原来的南河渡镇、河洛镇合并成立的新河洛镇。

2005年，巩义市南河渡镇初级中学更名为巩义市河洛镇南河渡初级中学。

2008年3月，河洛镇的胡坡村、鲁村村、寺沟村、黑叶沟村由豫联园区管委会代管。

2008年，对神堤控导工程24~28坝进行了取直加长改建。工程共有丁坝21道，垛10个，工程长度2879米，裹护长4088米。其中上延3垛至7垛为滩地挖槽并抛散石护脚加深基础，24~28坝为水中进占施工。

2009年10月，河洛镇集中供水工程正式动工。

2009年，县道X001改建完工，总长32.3千米，其中沿黄河河道边界河洛段东西长8千米，宽6.5米。

2009年，河洛一中、河洛二中、河洛镇东片区9所小学合并，更名为河洛镇实验学校，同时在洛口村设教学点。

2010年5月，石窟寺技防工程暨刘镇华庄园维修工程启动。

2013年5月，七里铺、柏沟岭村由站街镇实行代管。

2014年，荣获河南省园林镇。

2015年，省道S312河洛段建成通车，东西长14.5千米，路面宽33.5米，设计时速为100千米每小时。S312伊洛河大桥建成通车，长720米，桥面宽32.5米。

2016年1月，新增常香玉故居、滩小关遗址两处河南省文物保护单位。

2016年3月，河洛镇河东社区举行开工奠基仪式。

2017年10月，巩义石窟文化旅游区一期“偃月古城”景区开业迎宾。

2017年，新建镇级文化站，室内建筑面积约400平方米。

2017年，河洛镇成功举办了首届“飞天杯”戏曲表演赛。

2017年，荣获河南省绿化模范镇称号。

曹振普 摄

2018年1月，荣获巩义市级文明镇称号。

2018年4月，河南移动戏曲《梨园梦》栏目启动仪式在偃月古城隆重举行。

2018年5月，以洛河河道整治、水生态修复和景观提升等为主要内容的“绿水工程”开工建设。

2018年11月，以南河渡森林公园新造林为主要内容的“青山工程”开工建设。

2018年，河洛镇承办了由河南省文联、河南省戏剧家协会主办的“偃月古城杯”第十一届河南省戏曲“红梅奖”大赛。

2019年，成功举办首届“偃月古城杯”戏曲文化节。

2019年，荣获河南省戏曲名镇称号。

# 参考文献

[1] 巩县志编纂委员会 . 巩县志 . 郑州：中州古籍出版社，1991.

[2] 巩义市地方史志编纂委员会 . 巩义市志（1986—2005）. 郑州：中州古籍出版社，2012.

[3] 巩义市地方史志办公室 . 巩义年鉴 2018. 郑州：中州古籍出版社，2019.

[4] 李书升 . 天下奇观 · 河洛汇流 . 长春：吉林文史出版社，2019.

[5] 曹振普 . 河洛之光 . 郑州：河南人民出版社，2018.

# 编纂始末

根据中国地方志指导小组办公室《关于启动〈中国名镇志丛书〉编纂工程的通知》和《中国名镇志文化工程实施方案》部署，开发利用地方志文化资源，传承乡土历史文化，保存乡土文化记忆，充分发挥地方志“资政、教化、存史”功能，按照郑州市地方史志办公室的工作安排，《河洛镇志》编纂工作于 2019 年 9 月启动，成立了河洛镇志编纂委员会，组建了编纂团队，全面展开前期采写工作。

《河洛镇志》编纂之始，编纂团队就立足于展现河洛发展特点和独有价值，统合古今，详今略古，对新中国成立以后，特别是中共十一届三中全会以来所发生的重要史实进行重点记述，深入挖掘河洛厚重的历史文化传统、锐意进取的发展历程、改革创新的人文精神。

《河洛镇志》从镇情特点出发，突出镇域特色和重要史实，在篇目设置上力图有所创新，在语言上努力追求朴实、严谨、简洁、流畅，增加可读性。

《河洛镇志》坚持生不立传的原则，因此，有一批曾为河洛镇政治、经济、社会、文化发展做出过诸多贡献的贤达俊杰未能入选本志，在此我们深表歉意。

在决胜全面建成小康社会的今天，在新时代、新思想的指引下，编写郑州名镇志、名村志、名街志丛书《河洛镇志》是当代河洛人民政治、文化生活中的一件大事，是为传承名镇文脉，抢救和保存名镇历史资料并展示其基本发展面貌而做出的一项开拓性文化建设工程。为了完成时代赋予的历史使命，编委会及编辑部成员从制订实施方案，搜集资料、整理到编写成书，可谓倾心尽力，众手成志。在名镇志编修期间，郑州市史志办对河洛镇志编纂工作悉心指导，及时掌握进度，严把质量关，巩义市史志办对河洛镇志编写工作给予了大力支持，提供了不少珍贵资料。河洛镇党委、镇政府十分重视镇志的编纂，镇党委书记赵江、镇长李科锋多次对镇志编写提出要求，审核提纲。副镇长焦丽佳具体负责协调各领域、各部门、各村，合力支持镇志编写工作，镇属各部门及相关单位积极提供资料。巩义市摄影家协会曹振普、王向阳等提供了大量图片资料。在此，谨向为本书付出辛勤劳动的所有人士致以衷心的感谢！

因本书中所选照片及文章众多，部分作品未能在出版前及时联系到著作权人，请著作权人看到后与我们联系，我们将及时奉上稿酬。

镇志编纂工作，时间仓促，资料分散，加之理论水平有限，才疏学浅，虽潜心编纂，数易其稿，其错误和遗漏的地方在所难免，敬请社会各界和专家学者批评指正。

《河洛镇志》编纂委员会

2019 年 11 月